Veinte cosas
que los hijos adoptados
desearían que sus padres
adoptivos supiesen

Sherrie Eldridge

Veinte cosas que los hijos adoptados desearían que sus padres adoptivos supiesen

Editorial OB STARE

Puede consultar nuestro catálogo en www.obstare.com

Los editores no han comprobado la eficacia ni el resultado de las recetas, productos, fórmulas técnicas, ejercicios o similares contenidos en este libro. Instan a los lectores a consultar al médico o especialista de la salud ante cualquier duda que surja. No asumen, por lo tanto, responsabilidad alguna en cuanto a su utilización ni realizan asesoramiento al respecto.

VEINTE COSAS QUE LOS HIJOS ADOPTADOS DESEARÍAN QUE SUS PADRES ADOPTIVOS SUPIESEN
Sherrie Eldridge

Título original: *Twenty Things Adopted Kids Wish Their Adoptive Parents Knew*

1.ª edición: octubre de 2022

Traducción: *David George*
Diseño de cubierta: *TsEdi, Teleservicios Editorials, S. L.*

© 1999, Sherrie Eldridge
Obra publicada por acuerdo con Dell Publishing,
sello editorial de Random House, división de Penguin Random House LLC.
(Reservados todos los derechos)
© 2022, Editorial OB STARE, S. L. U.
(Reservados los derechos para la presente edición)

Edita: OB STARE, S. L. U.
www.obstare.com | obstare@obstare.com

ISBN: 978-84-18956-14-0
Depósito Legal: TF 641-2022

Impreso en SAGRAFIC
Passatge Carsí, 6 - 08025 Barcelona

Printed in Spain

A mi marido, Bob Eldridge,
mi mejor amigo en la dicha y la adversidad

Gracias a las muchas personas que han dejado huella en mi vida y han tenido una influencia en la escritura de este libro:

—A mis padres biológicos, por regalarme el don de la vida

—A mis padres adoptivos, por darme un hogar cuando no tenía uno

—A mi facultativo/terapeuta, Dale Theobald (doctorado y médico), y a las terapeutas Marilyn Ryerson (doctora en Humanidades) y Susan Scherer-Vincent (máster en Ciencias, asistenta social clínica titulada y terapeuta matrimonial y familiar certificada) por caminar a mi lado durante las partes dolorosas de mi viaje

—A los hijos adoptivos como yo, por explicar sus historias para que otros puedan sanar

—A Mary Ellen O'Neill, antigua editora jefe en Dell, por tener una visión para este proyecto

—A Traci Mullins, mi editora, por ser una amable guía para esta autora novel

—A mi familia: Bob, Lisa, John, Eliana Joy, Chrissie, Mike, Austin, Blake y Cole, por ser quienes sois… la alegría de mi vida

—A Dios, por convertir la desgracia en una misión

Primera parte

La adopción
a través de los ojos
de un niño

1

Las pérdidas ocultas

Una fila tras otra de lápidas tapizaba los exuberantes prados mientras conducía y atravesaba la alta verja negra de hierro para visitar las tumbas de mis padres adoptivos. Un hombre anciano estaba llenando una jarra de plástico en un grifo y el olor de la hierba recién segada llenaba el aire. A lo lejos estaban cavando una nueva tumba: un gráfico recuerdo de que la pérdida forma una parte innegable de la vida.

En el asiento que había a mi lado había dos rosas de tallo largo, que simbolizaban la gratitud, que floreció tardíamente, que sentía por mis padres, que habían soportado mis años de crecimiento a mi lado. Estaba regresando a sus tumbas, ya como adulta que finalmente había aceptado el hecho de que la adopción había tenido y *seguía* teniendo un profundo impacto en mi vida. Éste iba a ser mi día de evaluación, perdón y pasar página.

Mientras salía del coche y me dirigía hacia las tumbas de mis padres, una oleada de pena me inundó, y me sentí como una huérfana una vez más. ¡Cómo odio esa sensación! Fui presa de la fría y cruda realidad de que las personas que más me habían querido estaban enteradas bajo mis pies.

Anduve de puntillas sobre el montículo de césped hacia su lápida de color rosado. Podía leerse, en letras grabadas, RETHA G. Y MIKE J. COOK. Mientras pasaba mis dedos por la lisa lápida de granito, murmuré: «Espero que sepáis cuánto os quería. Gracias por amarme cuando era tan odiosa».

Sin duda alguna, mis padres lo hicieron lo mejor posible para ser el tipo de padres que necesitaba; y yo no quería más que ser el tipo de hija del que se pudieran sentir orgullosos. Sin embargo, nuestros corazones rara vez conectaron, si es que lo hicieron alguna vez. En lugar de ello, éramos como barcos navegando de noche.

De puertas para afuera dábamos la impresión de ser una familia unida. Nos íbamos de vacaciones y jugábamos al golf juntos. Recuerdo a mis padres viendo cómo los eventos de mi vida iban desplegándose. Era una hija modélica: capitana del equipo de animadoras, clarinetista principal y representante de mi curso en las reuniones de antiguos alumnos.

Sin embargo, de puertas para adentro, me estaba matando de hambre, estaba siendo sexualmente promiscua y robaba. Mis padres no tenían ni idea. Nunca pensé en la discrepancia entre los aspectos de la chica buena/chica mala de mi vida ni tuve en cuenta compartir mis batallas con mis padres. Me veía dirigida por una fuerza de la que ni siquiera era consciente.

¿Cuál era el problema? ¿Se trataba de mis padres? ¿Eran de segunda categoría? ¡No! ¿Era yo? ¿Era yo como un producto con tara porque era adoptada? ¡No! ¡Un millón de veces no! El problema, o el enemigo, era la ignorancia: la ignorancia sobre la pérdida no resuelta relacionada con la adopción y la necesidad de pasar un duelo.

La palabra que empieza por «P»

Al igual que con casi todas las cosas en la vida, la adopción tiene aspectos positivos y negativos. Ninguno de nosotros quiere reconocer el lado negativo y doloroso: es decir, la pérdida; pero lo cierto es que el mero acto de la adopción está basado en la pérdida. Para los padres biológicos se trata de la pérdida de su descendencia biológica, de la relación que habría podido ser, de una parte muy íntima de sí mismos. Para los padres adoptivos tiene que ver con la pérdida del dar a luz a un hijo biológico, el niño cuyo rostro nunca será un fiel reflejo del suyo; y para el hijo adoptado consiste en la pérdida de sus progenitores, de la experiencia más temprana de pertenencia y aceptación. Negar la pérdida que supone la adopción es negar la realidad emocional de todos los implicados.

Casi nunca se habla de las heridas de un niño adoptado. Son el proverbial elefante que se encuentra en el cuarto de estar. El doctor David M. Brodzinsky y el doctor Marshall D. Schechter, un psicólogo y un psiquiatra, respectivamente, y especializados en adopciones dicen, en su esclarecedor libro *Soy adoptado,* que la pérdida para el hijo adoptado es «diferente a otras pérdidas que hemos llegado a esperar lo largo de la vida, como la muerte y el divorcio. La adopción es más omnipresente, menos reconocida socialmente y más profunda».

El duelo es la respuesta natural frente a la pérdida, y aquellos implicados en la adopción deben disponer del permiso para revisitar emocionalmente el lugar de la pérdida, sentir el dolor, gritar su ira, verter las lágrimas y luego permitirse ser queridos por otros. Si se deja sin resolver, esta pena puede sabotear (y frecuentemente lo hace) a la más fuerte de las familias y al potencial más profundo en el interior del niño adoptado. Puede minar el compromiso parental más sincero y forzar a los niños adoptados a sufrir en privado, escogiendo la rebelión o la conformidad como forma de relacionarse.

Como la pérdida relacionada con la adopción es algo difícil de comprender, emplearé la técnica de jardinería del injerto para ilustrar no sólo la pérdida relacionada con la adopción, sino diversas dinámicas que tienen que ver con la adopción.

Una lección de la naturaleza

Un árbol injertado. Es algo magnífico de contemplar. Es único en su especie. Es contrario a la naturaleza. Unas hojas exuberantes y unas raíces intrincadas. Está lleno de retos hortícolas para un jardinero, pero al final da como resultado un árbol con una belleza incomparable.

El hijo adoptado. Es algo magnífico de contemplar. Es único en su especie. Tiene unos rasgos biológicos frecuentemente contrarios a los tuyos. Tiene unas raíces intrincadas que deben ser sanadas. Está cargado de retos comportamentales para los padres, pero al final da lugar a una vida de una belleza incomparable.

¿Cómo reaccionas frente a lo anterior? Algunos puede que digan: «¡Sí! ¡Mil veces sí! Esto describe a nuestra hija. Ella es única en su especie y estamos muy contentos de que sea nuestra». Puede que otros digan: «¡Desde luego que nuestro hijo adoptado nos plantea retos! Puede despegar y quitar el papel pintado de una pared a la velocidad del rayo, hacer agujeros en el pladur de su habitación, ser verbal y físicamente rebelde, romper cualquier cosa de su cuarto en mil pedazos y luego derrumbarse en un mar de lágrimas».

Independientemente de dónde te encuentres en el espectro de las posibles reacciones, créeme: nos estás solo. Como editora de *Jewel Among Jewels Adoption News*, un boletín informativo sobre la adopción, recibo muchas cartas de padres adoptivos que buscan respuestas. *¿Cómo puedo educar de la forma más eficaz a mi hijo adoptado? ¿Cuáles son algunos de los obstáculos con los que puedo encontrarme? ¿Por qué se está portando mal mi hijo? ¿Estoy haciendo algo mal?* También recibo muchas cartas de adultos que fueron adoptados de niños que buscan ayuda para lidiar con su pasado enterrado durante mucho tiempo.

Además, a nivel personal, puedo comprender vuestras preguntas y preocupaciones. Cuando fui adoptada hace treinta y cinco años, con diez días de edad, el deseo de mis padres con respecto a mí era el mismo que el de cualquier padre adoptivo en la actualidad: ansiaban verme medrar y vivir a la altura de todo mi potencial. También deseaban esa intimidad paternofilial que asienta la base para el resto de las relaciones sanas en la vida. Ojalá hubiésemos sabido hace tiempo lo que he aprendido en los últimos años sobre la adopción y la pérdida.

Volviendo a la década de 1940, cuando fui adoptada, profesionales bienintencionados aconsejaban a los padres adoptivos que no hablaran sobre la adopción o las circunstancias en torno al nacimiento de su hijo o su familia biológica. Después de todo, «Los bebés no recuerdan —decían—. ¡No habléis de las diferencias relativas a la personalidad o el aspecto, sino centraos en las semejanzas!». A las madres biológicas se les transmitía el mismo mensaje: «Sigue con tu vida. Deja esto atrás y todo irá bien».

Francamente, es este tipo de asesoramiento, que a veces hasta se proporciona actualmente, el que hace que se me hiele la sangre, ya que es el semillero de la negación y ha demostrado ser incorrecto para muchos miles de niños adoptados y sus familias, a las que nunca se permitió enfrentarse a sus pérdidas ocultas y pasar el duelo por ellas. James Gritter, supervisor de bienestar de la infancia y profesional de la adopción abierta explica en su libro, lleno de esperanza, *The spirit of open adoption*: «Debemos tener cuidado para no esterilizar, sentimentalizar o incluso embellecer el dolor de la adopción: es, verdaderamente, una cosa realmente desdichada e intensamente personal. Es interior. El dolor de la adopción no es algo que le *sucede* a una persona, sino que *es* la persona. Como el dolor es tan primario, es prácticamente imposible de describir».

Por supuesto, no todas las personas adoptadas experimentan su pérdida de la misma forma o al mismo nivel, al igual que no todos los niños maltratados responden de la misma forma frente a sus heridas. Un adulto de treinta y pocos años que había sido adoptado me dijo: «Después de que mi mujer y yo tuviésemos a nuestro primer hijo, mis padres adoptivos me proporcionaron la poca información de la que disponían sobre mi familia biológica y me dijeron que me apoyarían si quería conocer mi historia o buscar a mis familiares biológicos. No estoy seguro de por qué podrían siquiera pensar que fuera a estar interesado. No lo estoy. Siempre me he sentido bien con respecto al hecho de ser adoptado, y mis padres son mis padres. No siento ninguna gran necesidad de saber nada más de lo que ya sé sobre mi pasado, y no soy consciente de ningún problema relacionado con la adopción con el que tenga que lidiar».

Aunque la perspectiva de este hombre con respecto a su adopción no es infrecuente, la mayoría de las personas adoptadas se tropiezan con sentimientos ambivalentes o dolorosos sobre la adopción en algún momento de su vida. Los psicólogos se refieren a los pensamientos y sentimientos que muchos adoptados sienten como «disonancia cognitiva», y los expertos en el campo de las adopciones lo llaman «desconcierto genealógico».

Los verdaderos expertos (los propios adoptados) lo expresan en unos términos mucho más prácticos:

- «Hay un vago sentimiento en mi interior de que algo no encaja».
- «Parece como si me faltara una parte de mí».

- «Es una batalla intangible entre el corazón y el alma».
- «He pasado toda mi vida vagando y nunca me he sentido estable».
- «Busco respuestas que nunca estoy seguro de que vaya a poder encontrar».
- «Observo la vida a través de la lente del rechazo, esperándolo en todo momento».

¿Qué sucede cuando no se hace un duelo de la pérdida?

Cuando no se reconoce, se verbaliza y se hace el duelo por la pérdida relacionada con la adopción, todos los miembros de la familia sufren. A veces, la comunicación entre el padre y el hijo se vuelve muy superficial: «Pareces muy callado hoy [el día del cumpleaños del hijo]. ¿En qué estás pensando?». «Oh, en nada», contesta el hijo, cuando todo el tiempo se está preguntando si su madre biológica está pensando en él. O puede que el hijo actúe de formas muy distintas, como me sucedió a mí. Una madre adoptiva, cuya hija ha estado comportándose mal durante tres años, se lamentaba hace poco: «La quiero mucho y tengo la esperanza de que se recupere, pero esto ha pasado factura a mi salud». Algunos padres pierden la esperanza y llegan a la conclusión de que, después de todo, no estaban hechos para criar hijos. Entonces, el hijo adoptado llega a la conclusión de que su mayor miedo se ha convertido en realidad: «Soy muy difícil de soportar y por lo tanto merezco ser rechazado».

En la naturaleza se da la misma dinámica. Cuando un injerto fracasa, el punto de unión se ve debilitado. El fracaso puede ponerse de manifiesto de inmediato o puede que no se perciba durante años. Lee las palabras de Connie, una madre adoptiva, mientras explica la experiencia de su familia:

Tengo una hija adoptiva de quince años que llegó nuestro hogar cuando tenía diez semanas. Era una bebé maravillosa y no podría haber sido más amada o aceptada por su familia adoptiva o todos sus parientes adoptivos.

Sin embargo, cuando empezó séptimo curso, con trece años, sufrió una depresión y empezó a abusar de fármacos sin receta para intentar perder peso. Intentó suicidarse y estuvo ingresada en el ala para adolescentes de nuestro hospital local durante dos semanas. Trataron su depresión, tendencias suicidas, anorexia nerviosa, baja autoestima, estilo de vida peligroso y muchos otros problemas. Todo esto le ha sucedido a una muchacha que obtenía unas calificaciones excelentes en todas las asignaturas en primaria y que estaba implicada en los deportes, la música, el baile y tenía muchos amigos agradables.

Tenemos dos hijas biológicas y esta crisis ha pasado factura a nuestra familia y nuestro matrimonio. Sentimos que no podemos sobrellevar durante mucho más tiempo que viva en nuestro hogar, pero enviarla «lejos» implicaría otro rechazo como el que recibió de sus padres biológicos cuando era un bebé. Si conoces de algún grupo de apoyo, terapeuta o programa especialmente centrado en problemas relacionados con la adopción como el nuestro, ponte, POR FAVOR, en contacto con nosotros lo antes posible. Gracias por tu ayuda con esta situación devastadora.

Otra razón por la cual no se pasa el duelo por la pérdida relacionada con la adopción es que el hijo adoptado puede parecer estar «bien» externamente. Sin embargo, si hablas con muchos niños adoptados, te confirmarán el hecho de que han construido unos muros altos a su alrededor para mantener a raya a los demás: muros de perfeccionismo, logros y autosuficiencia. Suelen resistirse a lo que más quieren y necesitan.

Por qué los hijos adoptados no hablan

Si la pérdida relacionada con la adopción por la que no se ha hecho duelo hace sentir tanta aflicción, ¿entonces por qué no hablan sobre ello los niños adoptados? Se debe, en una palabra, al TERROR. La mayoría están aterrorizados por el rechazo. Su razonamiento es el siguiente: «Si permito que alguien vea lo necesitado y dolido que estoy en mi interior, puede que también me rechace, y entonces ¿dónde me encontraría? No tendría a nadie».

Apuesto que estás diciendo: «¡Pero yo nunca haría eso! Mi hijo es muy valioso para mí. Lo último que haría sería rechazarle». Sin embargo, si quieres desarrollar una sensibilidad a las necesidades no expresadas de tu hijo adoptado, debes comprender que algo sucedió mucho antes de que conocieras a tu querido hijo que cambió por siempre su forma de ver el mundo. Incluso aunque su plan de adopción se hubiera creado y llevado a cabo de la forma más cariñosa posible, e incluso aunque hubieras estado ahí cuando nació, la renuncia por parte de su madre biológica y su separación de ella casi siempre se traduce en forma de rechazo y pérdida para tu hijo. Como resultado de ello, probablemente razone: «Puede que ellos también me rechacen».

Un niño adoptado, ahora en su madurez, y que tenía unas relaciones sanas tanto con su familia biológica como con la adoptiva, y que había pasado por una terapia individual para trabajar los asuntos relacionados con la adopción, reflexionaba: «Me di cuenta de que había un pequeño bebé en mi interior que había perdido a su mamá. Me sentí muy triste. Lloré incontrolablemente».

Muchas personas adoptadas, independientemente de lo positivo que fuera su hogar adoptivo, viven con este mido no expresado al rechazo. Quizás estés pensando: «Pero siempre he animado a mi hijo a hablar sobre su nacimiento y su adopción». Escuché a una madre adoptiva pronunciar estas mismas palabras en un grupo de apoyo relacionado con las adopciones hace algunos meses; pero cuando, casualmente, le mencionó su madre biológica a su hija, la niña de siete años preguntó tímidamente: «¿Es adecuado hablar de *eso*?». Date cuenta de que esta madre adoptiva era el no va más entre las madres adoptivas: estaba dedicada en cuerpo y alma a su hija y había leído todos los libros más novedosos sobre la adopción, pero pese a ello la pregunta de su hija la sorprendió.

Éste es un buen ejemplo de que los niños adoptados no sólo necesitan que les den permiso para hablar acerca de sus sentimientos incómodos, sino que además deben ser invitados y animados abiertamente a hacerlo. Ésta es una de las veinte cosas sobre las que trataremos en mayor detalle más delante en este libro.

Otra razón por la cual las personas adoptadas no hablan es porque el dolor que acompaña a la pérdida es ilusorio, sutil y difícil de expresar con palabras. La afamada psicoanalista infantil Selma Fraiberg dijo en una ocasión en *Every child's birthright:*

> *¿Puede un bebé de menos de un año «recordar» la traumática separación de sus padres biológicos? No, probablemente no recordará estos sucesos en forma de una serie de imágenes que se pueden rememorar. Lo que se recuerda o conserva es la ansiedad, un tipo de terror primitivo que regresa más adelante en la vida en forma de oleadas. La pérdida y el peligro de la pérdida del amor se convierten en temas recurrentes o patrones de vida. Lo que se conserva puede que sean unos profundos cambios de humor o depresión más adelante en la vida, el recuerdo somático de la primera pérdida trágica, que regresa desde el pasado olvidado incluso, irónicamente, en momentos de placer y éxito. Lo que se conserva es la violación de la confianza, del mundo ordenado de la infancia en el que se dedica a la gente amor, protección y la continuidad de la experiencia. El destino arbitrario que rompió los primeros vínculos humanos puede que dañe o rompa esa confianza, por lo que cuando se dé amor de nuevo, puede que no se devuelva libremente. Y, por último, lo que es posible que se conserve es una herida en la personalidad embrionaria en el primer año de vida, que puede que tenga efectos profundos sobre el desarrollo posterior.*

La falsa culpabilidad es otro muro que levantan los adoptados. La falsa culpabilidad es la emoción que experimentamos cuando sucede algo doloroso sobre lo que no teníamos control, pero por lo que nos sentimos responsables. Los hijos de parejas divorciadas la sienten, una viuda que visita la tumba de su difunto esposo la siente y las personas adoptadas de todas las edades la sienten. Muchos adoptados sienten falsa culpabilidad por la dolorosa pérdida de su familia biológica, sobre la cual no tenían ningún control. Frecuentemente se sienten culpables simplemente por estar vivos, y se avergüenzan cuando oyen las palabras «ilegítimo» o «bastardo».

He oído a adultos que fueron adoptados decir: «Siempre siento como si tuviese que devolver algo bueno que alguien haya hecho por mí. Nunca puedo simplemente recibir». Un hombre dijo: «Yo era como el perfecto huésped de un hotel en mi hogar de adopción. Incluso me hacía la cama y doblaba las toallas».

Hay esperanza

Está claro que un injerto sano no siempre es fácil de conseguir en las familias adoptivas. Tampoco es espontáneo ni natural. Es más bien una obra de amor sacrificado y compromiso que se da siempre que un padre (o terapeuta) observa un comportamiento sintomático de una pérdida relacionada con la adopción no resuelta, comprende las necesidades y los sentimientos no verbalizados enmascarados por los síntomas e implica compasivamente al niño en una conversación que fomenta la identificación y la verbalización de los sentimientos y las necesidades. Aquí empieza la sanación. Aquí los delicados tejidos de los padres y la rama cortada se unen para formar un vínculo duradero e íntimo que servirá como modelo para futuras relaciones sanas.

Al hacer un injerto, a veces un problema de incompatibilidad se puede resolver mediante el injerto de un tercer elemento entre la planta madre y el vástago: un elemento que se sepa que resulta aceptable para ambos. En el caso de la adopción, los problemas de apego suelen resolverse mediante la intervención de un especialista en vínculos afectivos y apego: un profesional con unos profundos conocimientos, formación y experiencia.

La pérdida relacionada con la adopción no resuelta no es una montaña inconquistable. Los adoptados, independientemente de su edad, pueden aprender cómo conectar emocionalmente con otros y asentar unas relaciones sanas. Cuando comprendas los retos que puede que estén por venir y cómo enfrentarte exitosamente a esos obstáculos con tu hijo adoptivo, tendrás todos los motivos para esperar tener un hijo y una familia hermosos y que medren.

2

Entrando en el mundo de tu hijo

Por fin llega el día de la adopción, el día para el que en ocasiones parecía que faltaba una eternidad. El estudio en casa ha acabado. Los «¿y si…?» ya han quedado atrás. A partir de ahora todo irá viento en popa.

La madre biológica firma, entre lágrimas, los papeles de la adopción mientras la enfermera viste a la bebé con la ropa que le compraste. Tus familiares se reúnen en tu hogar, esperando tu vuelta a casa. Se prepara una comida. El ambiente es festivo. La gente habla en voz alta y alegre.

Se ven *flashes* de cámaras y se graban vídeos mientras traes a tu bebé a su nuevo hogar para que todos la vean. «¡Qué guapa es!» dicen uno tras otro. Los abuelos son los primeros en cogerla entre sus brazos, y luego van las tías, los tíos y los primos. La bebé descansa tranquila en los brazos de cada una de las personas, aparentemente ajena a todo lo que está sucediendo a su alrededor. Sin embargo, nadie sabe que debajo de este vestidito blanco nuevo hay un diminuto corazón afligido…, un corazón que se pregunta dónde está su mamá. Su olor. El sonido de su voz. El latido de su corazón. Su cuerpo. *¿A dónde se ha ido?*

Así es la pérdida primaria que tu bebé adoptada experimenta el día que viene a vivir contigo. Antes de que siquiera la tuvieses entre tus brazos, perdió a su madre biológica y a todo lo que ella representa. Es un golpe demoledor que afectará a su vida para siempre. Se puede asemejar a un niño pequeño que perdiese a ambos progenitores en un accidente de tráfico, excepto porque en este caso no se pasa página. No hay un funeral. No hay un duelo reconocido. Cuán diferente es la realidad emocional de la bebé de lo que está sucediendo a su alrededor. Ella está afligida mientras que los demás están de celebración. Ella está herida y los demás no son conscientes de ello. Ella necesita consuelo y apoyo y los demás están de fiesta.

Es duro oír estas palabras, especialmente para los padres adoptivos, que no quieren nada más que lo mejor para su hijo. Saber que tu hijo ha experimentado un golpe así antes de que se diese la adopción puede provocar sentimientos de impotencia y hacer que huyas de la realidad de tu hijo en lugar de ayudarle a lidiar con ella.

El asunto de la pérdida experimentada por el niño adoptado suele resultar incómodo para los padres y para los profesionales de la salud mental, porque la profundidad del dolor que siente una persona adoptada puede ser apabullante.

Eileen Simpson, autora de *Orphans,* describe muy bien este miedo de entrar en el dolor de otra persona: «Los huérfanos no proporcionan ninguna diversión. No lloran, gritan, chillan ni se comportan de forma estrafalaria. En lugar de ello, observan a las visitas en un silencio escrutador. Era la falta de voluntad de mirar en el interior de esos ojos y leer su mensaje lo que mantenía a la gente alejada. Era el miedo de verse arrastrado por unas cuerdas invisibles hacia una telaraña de tristeza».

Entrar en el mundo emocional de tu hijo adoptivo puede parecer intimidante si no estás seguro de cómo lidiar con lo que encontrarás ahí. La segunda parte de este libro está dedicada a proporcionarte una preparación práctica para interactuar con la realidad de tu hijo de forma eficaz y para ayudarle a hacer el duelo por sus pérdidas ocultas de forma exitosa. Pero primero echemos un vistazo más detenido a la experiencia de la adopción a través de los ojos de tu hijo.

La experiencia prenatal

Un concepto clave a recordar es que la percepción de tu hijo con respecto a la adopción empezó no en el momento de su nacimiento, ni el día de su adopción, sino durante sus primeros nueve meses de vida en el vientre de su madre biológica. Aquí es donde la personalidad fundamental de tu hijo se entretejió misteriosamente.

Escucha las sorprendentes palabras del doctor Thomas Verny y de John Kelly en su libro *La vida secreta del niño antes de nacer:* «Muchos estudios coinciden en que el bebé en el útero materno oye, saborea, siente y aprende, y que lo que, por consiguiente, experimenta empieza a moldear sus actitudes y expectativas de sí mismo. Puede percibir y reaccionar no sólo a grandes emociones indiferenciadas en su madre como el amor y el odio, sino también a las emociones matizadas, como la ambivalencia y la ambigüedad».

Puede que estés diciendo: «¡Esto me queda un poco lejos!». Ésas fueron las palabras de Ellen, una madre adoptiva, cuando escuchó al doctor Verny decir en una cinta que un bebé adoptado de tres días de vida es un bebé que está pasando un duelo. Pero entonces le preguntó a su hijo de siete años, que fue adoptado con tres días de vida, cuáles fueron sus percepciones el día de su adopción. Su respuesta fue sorprendente: «No sabía quiénes erais ninguno de vosotros. Ni siquiera sabía vuestros nombres. ¡Estaba muy asustado!».

La primera parte de la narrativa de la vida de tu hijo empieza en el útero y genera una lente emocional a través de la cual interpreta la vida desde su nacimiento y en adelante. Aunque muchas madres biológicas quieren al hijo que llevan en su interior, pese a tener que escoger la adopción, otras rechazan a su hijo y contribuyen al dolor con el que carga en su vida fuera del vientre de su madre. Como la mayoría de las adopciones de niños son resultado de embarazos no deseados, existe la posibilidad de que el constante desasosiego emocional de la madre biológica tenga un impacto negativo sobre el bebé. Si la madre escoge el camino de la autoprotección, desconectándose emocionalmente de su bebé, el niño percibirá este rechazo y puede que ésta sea la lente a través de la cual verá la vida.

El doctor Verny dice: «Lo que una mujer piense de su hijo supone una diferencia muy importante. Sus pensamientos (su amor, rechazo o ambivalencia) empiezan a definir su vida emocional. Lo que ella genera no son rasgos específicos como la extroversión o la agresividad optimista. Éstas son palabras esencialmente adultas con significados adultos, demasiado específicos, demasiado finamente sintonizados como para que se puedan aplicar a la mente de un bebé nonato de seis meses. Lo que se está formando son tendencias más amplias, más profundamente arraigadas, como la sensación de seguridad o el sentimiento de autoestima».

Rebecca, una quinceañera que había sido adoptada, describe su trauma: «Cuando estaba en el útero, estaba desatendida, abandonada y era rechazada […] incluso antes de nacer. Mi madre biológica tenía sólo dieciocho años en esa época, no estaba casada y se encontraba sola en otro país. Nací con el síndrome de rechazo intrauterino. No respondía al tacto o las emociones y me forzaron, literalmente, a beber leche. Tanto mis padres adoptivos como mi hermano y mi hermana lo hicieron lo mejor posible para proporcionarme amor, pero, pese a ello, no respondía a él».

Creo que uno de los actos de amor más sacrificados que los padres adoptivos pueden llevar a cabo es renunciar a sus ideas preconcebidas y sus agendas sobre cuáles «deberían» ser los puntos de vista de su hijo y estar abiertos a escuchar las emociones y los pensamientos discrepantes que su retoño suele experimentar.

Escucha las palabras de Susan Fisher (médico) y Mary Watkins (doctorada), madres adoptivas y autoras del esclarecedor y práctico libro *Talking with young children about adoption*: «Mi deseo siempre ha sido que mis hijos se sientan normales, que sintieran que todas sus preguntas sobre su adopción se han resuelto, y que experimenten ser nuestros hijos como algo maravilloso y natural. Y así, al explicar las historias (de su adopción y nacimiento) que, por supuesto, suelen revelar el doloroso conflicto que representa para ellos ser adoptados (y esto es una realidad independientemente de cuál sea mi deseo) tengo, por supuesto, que enfrentarme a la brecha que hay entre mi deseo y mi realidad. Me parece, mientras escribo esto, que Teddy y Anna *suelen* enfrentarse a esta fisura. Ellos (y todos) necesitamos ser conscientes y seguir intentando encontrar las palabras para definir esta brecha mientras permanecemos en la realidad de que ésta es, en efecto, nuestra familia».

Puede que estés pensando «De acuerdo. ¡Estoy contigo! Estoy dispuesto a apartar mis convicciones a un lado y a ser consciente de que la percepción de mi hijo sobre la adopción puede que sea muy distinta a la mía. Pero ¿cómo accedo a su mundo?».

Cómo acceder

En primer lugar, aquí tenemos siete formas infalibles para *perderse* el acceso y, por lo tanto, desperdiciar la oportunidad de ayudar a tu hijo a resolver con éxito sus pérdidas ocultas.

- Evita el tema de la adopción durante tanto tiempo como puedas. Ten la esperanza de que tu hijo o hija nunca pregunte sobre su pasado.
- Niega las diferencias entre tu hijo adoptivo y tu familia biológica. «Eres igual que nosotros» o «Te pareces a tu padre» son ejemplos excelentes.
- Corrige cualquier expresión de emociones incómodas sobre la adopción acentuando lo positivo: «Da gracias por lo que tienes» o «Tienes mucha suerte de ser adoptado. Deberías dar gracias».
- Finge que la vida de tu hijo empezó el día de su adopción. No menciones su nacimiento ni a su familia biológica: eso no hará sino molestarle a él y a ti.
- Fuerza una norma sobreentendida de «no hablar» mediante tu lenguaje corporal. Unos labios temblorosos o una mandíbula tensa dicen mucho.
- Asegúrate de ofenderte si tu hijo usa palabras como «padres verdaderos». Interprétalas como un rechazo hacia ti en lugar de como una expresión inocente producto de la curiosidad de tu hijo y de su duelo no resuelto.
- Fomenta una vergüenza silenciosa relacionada con la necesidad de tu hijo de buscar a su familia biológica. Di: «¿Por qué no dejas las cosas como están?» o «Lo pasado, pasado está».

  Para entrar con éxito en el mundo de tu hijo deberás probar, en lugar de con lo anterior, con varios enfoques más valientes. Hablaremos mucho más acerca de ellos en la segunda parte de este libro.

- Reconoce la realidad de la adopción, si puedes desde el primer día. Al ponerle los pañales a tu bebé o acurrucar a tu hijo ya más crecido entre tus brazos, emplea el lenguaje de la adopción: «Estoy tan contento de que te adoptáramos. Estoy tan contento de que seas nuestro». De esta forma, el asunto se convierte en algo familiar, en lugar de negarlo.

- Inicia la conversación sobre las percepciones de tu hijo previas a su adopción: «¿Te preguntas alguna vez sobre tu madre biológica? ¿Te preguntas alguna vez si te pareces a ella? Yo a veces me pregunto acerca de eso». O si has adoptado a un hijo mayor que ha pasado parte de su vida con su familia biológica, podrías decir: «¿Cómo era la vida para ti con tu madre/padre biológico? Siempre que quieras compartir tus recuerdos con nosotros, estaremos dispuestos a escucharte».

- Reconoce el hecho de que tu familia se ha visto cambiada por la adopción y tiene unos retos especiales. La definición de «validar» o «reconocer» que aparece en el diccionario arroja mucha luz sobre lo que tu hijo necesita: «corroborar, confirmar, hacer válido, autentificar, dar aprobación oficial a algo». Una madre adoptiva que tiene cinco hijos dice que la adopción es un tema cotidiano para ella y sus retoños, ya que la adopción tiene un impacto en su vida diaria y no *es* simplemente un evento único.

- Genera un entorno seguro y sin críticas en el que tu hijo se sienta libre de expresar cualquier emoción, pensamiento o pregunta. Aprende a decirle a tu hijo: «Está bien que te sientas como te sientes. Cuéntame más sobre ello».

- Acepta las diferencias entre tu hijo adoptado y tu familia biológica: «Tu creatividad aporta una enorme dimensión añadida a nuestra familia. ¡Qué afortunados somos de tenerte!».

- Sé sensible a la posible necesidad no expresada de tu hijo por una conexión tangible con su pasado biológico. Una madre biológica a la que conozco le dio su hija un tesoro el día de su adopción: un recordatorio de que nunca será olvidada. En cada aniversario de la adopción de su hija, los padres adoptivos ingresaban un billete de un dólar en el banco, diciéndole a su hija que el dinero es un recordatorio del regalo de la vida que su madre biológica le dio.

- A medida que tu hijo crezca, respeta su necesidad de pensar en buscar o de volver a ponerse en contacto con su familia biológica algún día. Verbaliza tu apoyo. Incluso aunque tu hijo se uniera a tu familia debido a problemas de maltratos o abandono en su hogar biológico, quizás necesite volver a ponerse en contacto con su primera familia para resolver traumas pasados. Confía en los instintos de tu hijo con respecto a lo que necesita al tiempo que le proporcionas seguridad y estabilidad independientemente del resultado de su viaje hacia su pasado.

La franqueza en la adopción

Los enfoques sobre los que acabas de leer quizás te parezcan extraños. Quizás te sientas a la defensiva o airado: «De ninguna manera voy a querer sacar el tema de la familia biológica de mi hijo. Esto no sería sino una invitación al trastorno y el caos en nuestra familia». Permíteme aclarar lo que estoy sugiriendo mediante la diferenciación de los tipos de adopción que existen en la actualidad.

Las adopciones cerradas son las organizadas por un intermediario, como un abogado o una agencia de adopción. No hay un contacto directo entre los padres biológicos y los adoptivos. Los registros de adopción son secretos y el hijo adoptado sólo dispone de información anonimizada, por si se diera el caso de que la solicitase en el juzgado de la región en la que nació. A los padres adoptivos se les entrega un certificado de nacimiento modificado en el que aparecen sus nombres inscritos en lugar del de los padres biológicos. Todos los implicados se ven instados, por profesionales de la adopción bienintencionados, la familia o los amigos, a «dejar el pasado atrás» y a seguir con su vida.

Las adopciones *semicerradas* se dan cuando hay un intermediario, pero también un flujo de información limitado entre los padres biológicos y los adoptivos. La madre biológica redacta una lista de cosas de lo que desea en una posible pareja adoptiva, y los padres adoptivos escriben una carta en la que se describen, y la madre adoptiva toma la decisión sobre quiénes serán los padres. La relación entre los padres biológicos y los adoptivos puede continuar, pero sólo de forma anónima a través del intermediario. Puede que la madre biológica solicite fotografías a medida que el niño crece, pero su cesión queda al completo criterio de los padres adoptivos. La familia biológica puede enviar regalos al niño mediante el intermediario, pero, una vez más, su aceptación se deja al criterio de la familia adoptiva. Los registros de adopción del niño son secretos y sólo se dispone de información anonimizada. No hay estadísticas formales sobre este tipo de adopciones, pero muchos profesionales de las adopciones creen que en la actualidad éste es el tipo predominante de adopción en Estados Unidos.

La adopción *abierta* reconoce que tanto los padres biológicos como los adoptivos pueden hacer una contribución importante y vital en el desarrollo del niño. Este tipo de adopción genera y fomenta una relación continua entre los padres biológicos y los adoptivos por el bien del niño. Su relación suele parecerse a la de una familia mixta, en la que ambas comparten el papel de aportar lo mejor que pueden ofrecer en la vida al niño, proporcionando así una doble base sobre la que el hijo adoptado puede construir su vida.

Comprende que no estoy haciendo proselitismo sobre una forma de adopción por encima de otra. Sé lo complejos que son los problemas para cada familia adoptiva, y la adopción abierta es frecuentemente imposible. Sin embargo, *sí* que defiendo la *franqueza* en la adopción. Por franqueza me refiero a que TODA la historia del niño se comparta con él de forma honesta y sincera en el momento adecuado. No hay ninguna ocultación de información, sino que se proporciona sin reservas cuando el niño está preparado.

Una razón por la cual muchos padres adoptivos encuentran una franqueza así difícil y amedrentadora es porque han asumido algunas de las ideas negativas y estereotípicas de la sociedad sobre la adopción: mensajes que retratan a las madres biológicas como prostitutas, a los hijos adoptados como una mercancía con taras y a los padres adoptivos como un segundo plato. Además, muchas familias adoptivas han aceptado, inadvertidamente, la misma creencia basada en la vergüenza de que deberían ser, simplemente, familias formadas a partir del nacimiento natural. En algunos círculos, la simple mención de la pérdida relacionada con la adopción se considera un signo de ingratitud o falta de respeto.

El hecho de que las familias adoptivas no se formen debido al nacimiento no es algo malo ni vergonzante, como tampoco lo es admitir que esta verdad da una mala reputación a la institución de la adopción.

Mantener que la familia adoptiva es exactamente igual que otra familia es como decir que un árbol obtenido a partir de injertos es igual que cualquier otro árbol. ¡Sencillamente no es así! Las familias formadas mediante la adopción tienen su propio conjunto de retos además de su propia belleza singular.

Al hacer un injerto, las dos partes de la planta conservan sus identidades distintas. Los genes no se entremezclan. Las peras producidas en ramas injertadas en un membrillero quizás se hagan más grandes, pero seguirán teniendo el aspecto y el sabor de las peras. En la adopción, el adoptado también conserva una identidad biológica distinta. Una parte importante de su realidad emocional se forma mucho antes de que la familia adoptiva siquiera le ponga la vista encima. Estas diferencias no deben suponer una amenaza para la familia adoptiva, sino más bien un trampolín para celebrar la singular identidad e individualidad del adoptado.

Entrar en el mundo secreto de tu querido hijo conlleva inteligencia y sensibilidad. El resto de este libro está dedicado a aportarte el mejor conjunto de herramientas que conozco para ayudarte a *oír* las cosas que tu hijo quiere que sepas y luego *responderle* de formas que sanarán su corazón roto.

Segunda parte

Veinte cosas
que tu hijo adoptado
quiere que sepas

3

«Sufrí una enorme pérdida antes de que me adoptaran. Tú no eres el responsable»

Ahora que estás equipado para entrar en el mundo de tu hijo con más conocimientos y sensibilidad, empezarás a escuchar sus pensamientos secretos. Reconocerás sus heridas ocultas y te enfrentarás a sus necesidades singulares y frecuentemente profundas. ¿Qué pasará entonces?

Como padre adoptivo, puede que te sientas incómodo, protector con tu hijo o a la defensiva con respecto a las realidades de la adopción. La profesional del campo de la adopción y escritora Jayne Schooler dice que el momento en el que surge el asunto de la vulnerabilidad del hijo adoptado «es como si surgiera un escudo enfrente de muchos padres adoptivos. No pueden oír nada de lo que les digas». Ellen, una madre adoptiva, dice que oír acerca de la pérdida relacionada con la adopción le rompe el corazón. No puede soportar pensar en el hecho de que su hijo estaba sufriendo y sigue sufriendo.

Es duro penetrar en el sufrimiento de tu hijo. Es mucho más fácil asumir que todo va bien en su interior, especialmente si no ha manifestado ningún problema obvio; pero los niños adoptados han sido heridos, simplemente porque han experimentado una pérdida profunda antes de haber sido acogidos por su nueva familia. Lo primero que tu hijo quiere que sepas es esto: «Soy un niño que está de duelo. He

35

llegado hasta ti debido a la pérdida: una pérdida que no fue tu culpa y que no puedes borrar».

Cuando tenía doce años, la madre de mi mejor amiga murió de cáncer. Todavía puedo recordar a su familia, de duelo, siguiendo al féretro por el pasillo de la iglesia. Mientras los feligreses estaban de pie, mi cuerpo empezó a temblar incontrolablemente mientras unos sollozos inoportunos surgieron a borbotones como un volcán en erupción. Fue embarazoso cuando menos. Después de todo, no era mi madre la que había fallecido… *¿o sí lo era?*

Mis padres lo hicieron lo mejor posible por consolarme, pero carecían del conocimiento sobre cómo las circunstancias presentes pueden desencadenar la pérdida no resuelta para un niño adoptado. Lo más probable es que atribuyeran mi desproporcionada tristeza a la emotividad y a la adolescencia. No podían imaginar que estaba de duelo por la madre que me llevó en su vientre durante nueve meses, cuyo rostro nunca vi y cuyos latidos fueron mi fuente original de seguridad. Ciertamente, mi pérdida era distinta de la de mi amiga. No había un cadáver, ningún servicio funerario y ningún lugar vacío en la mesa del comedor, pero, sin embargo, la pérdida fue igual de real.

La respuesta de mis padres ante mi duelo fue protegerme a partir de entonces de cualquier cosa que pudiera resultar turbadora. Por lo tanto, cuando mi abuela falleció unos meses después, me dejaron en casa, sin asistir al funeral, mientras el resto de la familia sí asistió. Estoy segura de que creyeron que estaban haciendo lo mejor, pero lo cierto es que era todo lo contrario. Mis heridas procedentes de la adopción quedaron enterradas a todavía mayor profundidad bajo una capa de sobreprotección, lo que haría que estuviera todavía más decidida que nunca a dejar mi parte doliente oculta a los demás.

Aprende a aceptar el dolor (el de tu hijo y el tuyo)

Mi historia no es inusual. La mayoría de los padres adoptivos, en lugar de ayudar a su hijo a pasar su duelo por la pérdida y pasar página, niegan sus pérdidas pasadas y romantizan su adopción. En lugar de ramos de flores y reconocimientos en forma de compasión, hay clichés románticos que parecen como sal en una herida abierta. «Eres un hijo elegido». «Da gracias por haber sido escogido. Piensa en todos los demás que no lo fueron». Qué vergüenza, ya que negar la pérdida y no conseguir hacer el duelo pueden hacer que los padres y los hijos estén alejados en lugar de inmersos en una relación sana y comprometida.

El diccionario define el romanticismo como «algo imbuido de o dominado por el idealismo; fantasioso; poco práctico; poco realista; soñador; ingenuo; con la cabeza en las nubes; desconectado del mundo real». ¿Podría ser que hayas sido, sin ser consciente de ello, un romántico de la adopción todo este tiempo? Si es así, ha llegado el momento de sacar las tijeras de podar y buscar la verdad sobre la adopción a todos los niveles.

Echando la vista atrás, creo que mis padres estaban asustados de mi vulnerabilidad emocional. Puede que ello desencadenara sus propios problemas no resueltos relacionados con el duelo y la pérdida y sus sentimientos de extrema impotencia. Lo mejor que puedes hacer para ayudar a tu hijo es hacer el duelo por tus propias pérdidas sucedidas antes de la adopción (pérdidas como la infertilidad, un aborto espontáneo, el nacimiento de un bebé muerto o la muerte) y permitirte sentirte triste por las pérdidas de tu hijo y tu incapacidad de protegerle de lo que fuera que le sucedió antes de unirse a tu familia. Sólo entonces podrán reconocerse las pérdidas de tu hijo para después pasar juntos el duelo por ellas en una atmósfera de franqueza y honestidad. Podrás decir: «También sentimos que no crecieras en el vientre de tu madre» o «Nos sentimos tristes por no haber podido estar contigo en el pasado para hacer que tu mundo fuera un lugar seguro y confiable».

Hacer el duelo por tus propias pérdidas y enfrentarte a las de tu hijo te abre la puerta para estar en sintonía con tu retoño, conocer sus necesidades no expresadas y acompañarle mientras trabaja con sus propios asuntos relacionados con el duelo. Es la puerta abierta a la intimidad entre los padres y su hijo. Una vez que hayas penado con éxito las pérdidas en tu propia vida serás una persona «segura» para tu hijo: alguien a quien podrá expresarle libremente cualquier emoción sin miedo a ser condenado o juzgado. Proporcionarás un lugar lleno de aceptación acogedora, un lugar que fomentará la conversación sobre los sentimientos de tu hijo relacionados con la adopción. Es en este entorno de aceptación y gracia donde se da la sanación de la pérdida asociada a la adopción y se inicia el establecimiento de vínculos. Los adultos que fueron adoptados de niños pueden encontrar un lugar así mediante grupos de apoyo relacionados con la adopción y terapeutas de confianza.

Escucha las palabras de una madre adoptiva que aparecen en el libro de Naomi Ruth Lowinsky *Stones from the motherline: Reclaiming the mother-daughter bond...* La madre recuerda cómo pasar juntas el duelo por la pérdida le aportó intimidad con su hija:

> *Me dolía por ella, por mi preciosa benjamina, que nunca había estado dentro de mí, a la que nunca había amamantado, cuyo rostro no pude ver cuando llegó a este mundo. Sentía pena por el embarazo que no había experimentado con ella, pena por su nacimiento y sus primeros meses de vida. Sentía pena por el lugar vacío en su interior, dejado por su madre biológica, que no pudo quedarse con ella. Comprendí que mi hija y yo necesitábamos sentir estas cosas juntas.*
>
> *Durante los siguientes años hablé frecuentemente con ella sobre estos sentimientos de pena y pérdida. Ella se subía a mi regazo y su pequeño cuerpecito nervudo se relajaba entre mis brazos. Pasábamos muchas horas así, haciendo el duelo juntas, creando un vínculo a partir de nuestros sentimientos de pérdida.*

Sin duda alguna, esta madre y su hija establecieron vínculos entre ellas de forma exitosa. Su relación íntima es similar a lo que sucede cuando un injerto arraiga. Cuando, en la naturaleza, un injerto tiene éxito, arraiga con ganas, produciendo una unión por lo menos tan fuerte como el resto del árbol, y frecuentemente más.

Creo que una razón por la cual muchos padres no reconocen el dolor de sus hijos adoptados es debido a que la sociedad en la que vivimos todos evita del dolor. El simple sonido de la palabra «dolor» activa nuestra respuesta de lucha o huida. Después de todo, ¿no implica el dolor una injusticia o un fracaso? ¿Una barrera para nuestro derecho garantizado a la felicidad?

El doctor Paul Brand, cirujano de fama mundial y especialista en la lepra, dice en su libro *The gift nobody wants* que debe haber educación sobre los orígenes del dolor y su propósito. «Desde el punto de vista actual, el dolor es el enemigo, un invasor siniestro que debe ser expulsado. Y si el producto "X" elimina el dolor treinta segundos más rápido, mejor que mejor. Este enfoque tiene un fallo crucial y peligroso: una vez considerado como un enemigo, y no como una señal de advertencia, el dolor pierde su poder educativo. Silenciar el dolor sin tener en cuenta su mensaje es como desconectar una alarma de incendios que está sonando para evitar recibir malas noticias».

Lo que es necesario, tal y como dice James Gritter en *The spirit of open adoption,* es una actitud que muestre respeto por el dolor: una actitud que considere el dolor como un enemigo querido que embellece más que destruye. Al igual que un irritante grano de arena puede ser el catalizador para producir una hermosa perla, el dolor de la adopción puede convertirse en el catalizador para producir una perla de intimidad entre los padres adoptivos y su hijo.

La muy respetada educadora en temas de adopciones Marcy Wineman Axness citaba a Annette Baran y Wendy McCord en su elocuente folleto *What is written on the heart: Primal issues in adoption:* «Los padres cuyos hijos expresan tristeza suelen sentir que necesitan consolarlos en lugar de sentir la tristeza con ellos; pero haber perdido a los progenitores originales es algo por lo que sentirse apenado, y lo mejor que cualquier padre puede hacer por un hijo es permitirle compartir esos sentimientos de pérdida con él. Aunque puede que parezca más fácil (especialmente al principio) evitar estos sentimientos incómodos, pasarlos por encima con consignas alegres no es la opción cariñosa, ya que en último término priva tanto a los padres como a los hijos de una intimidad genuina».

Lo que tu hijo necesita

Ten presente que mis conocimientos e investigaciones se basan principalmente en adultos que fueron adoptados que se vieron dañados por el sistema de adopción cerrada. Sin embargo, creo que sus experiencias nos enseñan que la mayoría de los niños adoptados necesitan un reconocimiento de su herida y su pérdida. Puede que un padre le susurre a su hijo adoptado: «Debes echar de menos a tu madre biológica. También lamentamos que tuvieses que perderla». «Duele mucho, ¿verdad?» es una frase que los padres pueden usar en cada fase de la vida del hijo adoptado, ya que muestra empatía y compasión.

Una segunda cosa que los adoptados necesitan es educación sobre la adopción y sus repercusiones emocionales y relacionales. Como líder de un grupo de apoyo para adoptados veo esta necesidad satisfecha semanalmente, ya que los adultos que fueron adoptados aprenden más sobre los hilos emocionales comunes que nos unen a todos. La vergüenza se esfuma a medida que el sinceramiento crece. Puedes proporcionarle a tu hijo adoptado un inicio temprano en este tipo de autoconocimiento.

Los adoptados necesitan aprender a aceptar su herida como parte de su historia vital: un hecho inalterable sobre el que no tienen ningún control, pero que no tiene por qué perjudicarlos en el futuro. Éste es uno de los retos del hecho de ser adoptado que, si se acepta, puede aportar un enorme crecimiento y madurez. La doctora Connie Dawson, adoptada, terapeuta del apego y educadora en temas de adopciones dice: «Cuando alguien me dijo que yo había sufrido una herida irreparable, se me quitó un peso de los hombros. En toda mi terapia nadie me había dicho nunca que no podría solucionarlo pulcra y limpiamente […], que no podría arreglarlo. Oh, sí, podía disponer pasarelas en las partes más profundas de modo que no me viera devorada por sus partes ocultas y secretas. Podía cauterizar los bordes para sanar la carne viva; pero no podía arreglarlo, si arreglarlo significa que si cuidaba de ello desaparecería. No se desvanece, pero tampoco tiene por qué ser como unos grilletes alrededor de mi tobillo. No tiene por qué hacerme sentir como si tuviera que pedir perdón por ser quien soy. Sólo significa que cuidaré de mis propios asuntos. Aceptaré que esta herida seguirá educándome durante el resto de mi vida».

Otra cosa que los adoptados necesitan es que sus padres adoptivos dejen a un lado su propia falsa culpabilidad. Los padres que se sienten culpables son incapaces de derribar sus defensas y entrar en el dolor no resuelto de su hijo relacionado con las pérdidas que ni el padre ni el hijo podían evitar.

Es normal que los padres adoptivos batallen con la culpabilidad cuando oyen hablar de las heridas de su hijo. Los padres tienden a buscar formas de haber podido prevenir el trauma de su hijo, usando frecuentemente la frase «Ojalá…».

- Ojalá hubiera estado ahí en el momento del nacimiento de mi hijo.
- Ojalá hubiese conocido a la madre biológica antes y hubiera podido apoyarla.
- Ojalá hubiera sabido más cosas sobre los problemas relacionados con la adopción y cómo gestionarlos.

Cualquier explicación, incluso al precio de sufrir culpabilidad, puede ayudar a los padres adoptivos a lidiar con la desesperada sensación de impotencia que sienten con respecto al sufrimiento de su hijo. Cynthia Monahon dice, en *Children and trauma*: «Si un padre puede dar con alguna forma en la que el trauma fuese por culpa suya, se vuelve posible creer que pueden evitarse traumas posteriores. La culpabilidad aporta una especie de poder, aunque sea ilusorio, sobre la impotencia». Un pensamiento erróneo como éste supone el inicio de la falsa culpabilidad, e interferirá en el vínculo entre padre e hijo si no se reconoce y se resuelve.

Lo más importante que necesitan los adoptados es la libertad para expresar sus emociones conflictivas sin miedo a ser juzgados. Éste es el paso final hacia la sanación, el que aporta liberación y libertad. El doctor Arthur Janov, psicólogo y escritor, dice en *The new primal scream*: «Cuando somos niños necesitamos expresar nuestros verdaderos sentimientos a nuestros progenitores. Nos duele si nuestros padres se muestran indiferentes. Si contienen nuestro resentimiento y nuestra rabia, nos duele. Ya no podemos ser nosotros mismos ni ser naturales. Nuestra naturaleza, por tanto, se ve retorcida, y eso provoca dolor. Si no permites que un brazo se mueva de forma natural, si lo sujetas con cinta adhesiva, eso va a provocar dolor. Si no dejas que las emociones se muevan de forma natural, obtienes el mismo resultado. La necesidad de expresar sentimientos es tan psicológica como el hambre».

Los adoptados necesitan un lugar seguro en el que compartir sus sentimientos sobre la adopción, tanto positivos como negativos, y sentirse protegidos y amados incondicionalmente con independencia de lo que salga de su boca. Como padre puedes aprender cómo crear este entorno seguro en tu hogar de modo que tu hijo sea libre de expresar pena y emociones conflictivas sobre el hecho de ser adoptado.

Mientras practicas el escuchar y responder a la pérdida de tu hijo previa a la adopción, te librarás de las barreras de la actitud defensiva, la culpabilidad y el sobreproteccionismo que pueden evitar que formes parte de la sanación de tu hijo. Estarás listo para escuchar la segunda cosa que quiere que sepas.

4

«Necesito que me enseñen que tengo necesidades especiales como resultado de la pérdida por la adopción, por la cual no debo sentirme avergonzado»

Imagínate sentado en una tribuna de un estadio en una soleada tarde de agosto esperando que comience una carrera. El vendedor de perritos calientes sube y baja por los pasillos vendiendo sus productos mientras las atletas se preparan para la carrera que se disputará en la pista. El olor de la cal de las líneas inunda el aire.

Las corredoras toman posiciones y el árbitro da un paso adelante. «¡Preparadas, listas, ya!», grita, disparando su pistola hacia el cielo.

Las corredoras salen en grupo. Una o dos toman la delantera. Otras las siguen de cerca. La multitud enloquece.

Cerca de la parte posterior del grupo te das cuenta de que hay una atleta que es más lenta que las demás. Parece estar cojeando. A medida que se acerca, ves que lleva una prótesis de la rodilla para abajo. Tu mente empieza a ir a toda máquina. «Me pregunto qué le sucedió. ¿Sufrió un cáncer? ¿Tuvo un accidente de tráfico?».

Sin duda, sabes que en algún momento de su pasado experimentó un trauma físico: no un trauma que diera como resultado la pérdida de la vida, sino uno que, sin embargo, tuvo unas repercusiones permanentes.

A medida que las corredoras cruzan la línea de meta, la atleta con la prótesis sigue corriendo, dejándose en la pista todo lo que lleva dentro. «¡Qué valentía! ¡Qué convicción!». Te dices a ti mismo. «Me pregunto dónde ha encontrado una prótesis así, con la que poder competir en carreras. ¿Cuántas horas le debe haber llevado aprender no sólo a caminar, sino a correr con un aparato así?».

Detrás de ti resuena la voz de un caballero de edad avanzada: «¡Vamos cariño, puedes hacerlo! ¡Mantén el ritmo!». Cuando la atleta finaliza la carrera, el hombre grita, expresando su alegría: «¡Muy bien! ¡Sabía que podías hacerlo!». Los ojos de la corredora examinan las gradas hasta que logra verle. Ella le sonríe de oreja a oreja.

Muchos adultos que fueron adoptados se identifican con la metáfora de esta corredora. A pesar de que su trauma precoz no dio como resultado que perdieran la vida, las repercusiones emocionales y relacionales que surgen como motivo de la adopción son muy reales.

El problema de la ignorancia

Simplemente piensa por un momento en la metáfora de la corredora. ¿Qué le hubiera sucedido si no hubiera sabido de su necesidad especial de apoyo? ¿Qué hubiera pasado si no hubiese sabido que existen las prótesis? ¿Y qué sucedería si hubiera intentado disputar la carrera o desenvolverse cotidianamente sin una de ellas?

No hace falta decir que hubiera tenido problemas para alcanzar su potencial en la vida. No hubiera llegado a un lugar de reconocimiento, aceptación y de estar por encima de sus necesidades especiales. En lugar de ello se hubiera agotado con una actividad que nos parece una tarea sencilla: caminar.

Ahora aplica esto a tu hijo adoptado. ¿Qué pasaría si la premisa de que tiene unas necesidades especiales no reconocidas fuese verdad? ¿Querrías que viviera su vida sin una prótesis? ¿Querrías que tuviera que batallar innecesariamente en lugar de participar activamente y conocer la emoción de la superación?

Sé que tu respuesta a todo lo anterior es «No». Por supuesto, quieres que tu hijo disponga de lo mejor que la vida pueda ofrecerle; pero no estás muy seguro de este concepto de las necesidades especiales. Temes que haga a tu hijo parecer inferior.

Permíteme que te asegure que no podría haber nada más alejado de la verdad. En lugar de ello, la idea de unas necesidades especiales relacionadas con la adopción es la clave para desbloquear la sensación de que tu hijo se sienta comprendido. En lo más profundo de su corazón, tu retoño sabe que tiene unas necesidades especiales. Oh, él no lo diría con tantas palabras, pero probablemente admitiría que a veces se siente distinto al resto de los niños.

Lo que tu hijo necesita es a alguien que pueda ayudarle a identificar sus necesidades especiales y para que le puedan poner una prótesis: es decir, el sistema de apoyo emocional y relacional (familia, amigos, médico, terapeuta) que conoce sus necesidades especiales y será como el anciano caballero en la grada que animaba a la atleta y la quería incondicionalmente.

Cuanto más abierta sea tu adopción, mayor será la base de apoyo para tu retoño.

Sé que lo que desea tu corazón es ser el actor principal en ese sistema de respaldo. Este capítulo está diseñado para ayudarte a ser exactamente eso, así que sigue leyendo.

El concepto de las necesidades especiales

Nunca olvidaré el momento, en mi propio proceso, en el que empecé a descubrir mis necesidades especiales. Realizar el descubrimiento fue como dejar salir a un pájaro de una jaula o liberar a un preso de una celda oscura. Fue la llave que desbloqueó la autoaceptación y me liberó de la vergüenza incapacitante.

Con miedo de estar en la cuerda floja, psicológicamente hablando, y de ser, quizás, la única persona que se sintiera así, busqué libros sobre la adopción para confirmar mi creencia de que los adoptados tienen necesidades especiales. Para consternación mía, no había publicaciones específicas sobre este tema.

El único apoyo que pude encontrar fue el de las terapeutas Holly Van Gulden y Lisa M. Bartels-Rabb, que escribieron en *Real parents, real children: Parenting the adopted child*: «Aunque el término "niños con necesidades especiales" se emplea de una forma muy concreta en el campo de las adopciones, creemos que todos los niños adoptados tienen necesidades especiales: necesidades a las que los niños criados por sus padres biológicos no se enfrentan».

Algunas semanas después compartí, con un grupo de apoyo para adoptados cuyas edades oscilaban entre los dieciséis y los sesenta años, mis creencias personales y la lista de necesidades especiales que creo que tienen las personas adoptadas. Mientras la leía, la gente asentía y sus ojos se llenaron de lágrimas. Los miembros verbalizaron sus emociones por no sentirse comprendidos. Se había metido el dedo en la llaga en lo tocante a una necesidad.

Una mujer de veintiún años dijo: «He estado yendo a terapia toda mi vida y nadie sabía qué hacer conmigo». Un caballero de sesenta años dijo: «En terapia revisamos cada aspecto de mi vida y seguía sintiéndome desdichado. Fue entonces cuando empezamos a fijarnos en la adopción como en un asunto destacado».

El siguiente paso en el desarrollo de mi sistema de creencias sobre las necesidades especiales consistió en formular una definición de las necesidades especiales en relación con la adopción. Una vez más, no encontré ninguna definición en la bibliografía existente sobre la adopción.

En medio de mi búsqueda, hubo un libro titulado *The misunderstood child*, escrito por el doctor Larry B. Silver, que me despertó mi interés. Después de todo, como adoptada que era me había sentido incomprendida en el pasado, y mis compañeros adoptados de nuestro grupo habían expresado las mismas emociones. Puede que Silver tuviese un capítulo dedicado a la adopción.

Mientras hojeaba el libro, encontré una definición que el autor usaba para los niños con dificultades de aprendizaje. Decía: «El joven con dificultades de aprendizaje tiene fortalezas y unas capacidades medias como el resto de la gente. Sin embargo, este niño tiene unas áreas más extensas o distintas de dificultades de aprendizaje que la mayoría de la gente».

«Seguramente, el hijo adoptado tiene unas fortalezas y unas capacidades medias como todos los demás», pensé para mis adentros. Esa parte de la definición es aplicable. «Y, seguramente, el niño adoptado tiene áreas más extensas, o unas áreas *diferentes* de debilidad emocional que la mayoría de la gente». Esa parte también se aplicaba, porque ¿quién tiene dos pares de padres y una identidad dual que resolver? ¿Quién es más vulnerable al miedo a la pérdida futura que un adoptado, que ya ha experimentado una pérdida inconmensurable?

Esta definición me proporcionó un timón, algo con lo que empezar a comprender mis propias necesidades especiales y cómo habían moldeado mi vida a lo largo de los últimos treinta y cinco años.

¿Tienen todos los adoptados necesidades especiales?

En este momento de la discusión puede que te sientas protector con respecto a tu hijo. «Mi hijo no tiene ninguno de los sentimientos que estás comentando. ¿No se sentirá mi hijo etiquetado y juzgado si le digo que tiene necesidades especiales que surgen de la pérdida relacionada con la adopción? Parece bastante cruel y contraproducente».

Permíteme asegurarte que lo cierto es precisamente todo lo contrario. Es una paradoja, ya que el concepto de las necesidades especiales trae consigo consuelo y la sensación de ser comprendido. Es como un bálsamo en una herida. Muchos adoptados tratan de convencerse a ellos mismos y a los demás de que no tienen necesidades especiales. Son maestros en el arte de mantener ese lugar vulnerable escondido en su interior. Sin embargo, bajo la superficie suele encontrarse la depresión, la rabia, el desconcierto, la confusión sobre su identidad, el miedo a la pérdida, la vergüenza, la falta de rumbo, la falta de resistencia emocional, una baja tolerancia al estrés y una ansiedad que flota en el aire.

El doctor Foster Cline, un afamado psiquiatra y autor, decía en un artículo en la revista *Jewel Among Jewels Adoption News* que todos los adoptados tiene necesidades especiales (una cierta vulnerabilidad emocional). Dice: «En la actualidad creo que la mayoría de los niños adoptados padecen vulnerabilidad; y lo políticamente correcto es decir que puede que su genética sea "frágil". Se ha visto que todo esto afecta a las neuronas en desarrollo. El estrés y el abuso de sustancias durante el embarazo no causan sólo problemas psicológicos. Provocan problemas de conexiones nerviosas o neuronales. Aquellos que adoptan a niños extranjeros suelen acabar con hijos que han sufrido el abandono a una edad temprana. Eso también provoca daños neurológicos».

¡Qué diferente podría ser la vida para los adoptados, ya sean niños o adultos, si las necesidades especiales que surgen de su pérdida relacionada con la adopción pudieran reconocerse y se pudiera hablar de ellas!

¿Cuáles son las necesidades especiales de los hijos adoptados? La siguiente es una lista obtenida a partir de mi propia experiencia, investigaciones y las historias de adoptados ya adultos mientras reflexionaban sobre cómo fue para ellos crecer siendo un niño adoptado.

Las necesidades especiales de los niños adoptados

Recuerda, mientras leas mi lista, que no es más que un trampolín para que empieces a elaborar la tuya, ya que cada persona adoptada es única. Estudia a tu hijo, involúcrate en juegos con él y obsérvalo mientras interactúa con otros. Todas estas actividades te permitirán recopilar una lista de las necesidades especiales concretas de tu hijo.

Necesidades emocionales:

- Necesito ayuda para reconocer mi pérdida debida a la adopción y pasar el duelo por ella.
- Necesito estar seguro de que la decisión de mis padres biológicos de no cuidar de mí no ha tenido que ver con nada defectuoso en mí.
- Necesito ayuda para aprender a lidiar con mis miedos al rechazo: aprender que la ausencia no significa abandono y que una puerta cerrada no quiere decir que haya hecho algo mal.
- Necesito permiso para expresar todos mis sentimientos y fantasías relativos a la adopción.

Necesidades educativas:

- Necesito que me enseñen que la adopción es tanto maravillosa como dolorosa, y que supone unos retos durante toda la vida para todos los implicados.
- Necesito conocer la historia de mi adopción primero, luego la historia de mi nacimiento y a mi familia biológica.
- Necesito que me enseñen formas saludables de conseguir satisfacer mis necesidades especiales.
- Necesito estar preparado para cosas dolorosas que otros podrían decir acerca de la adopción y de mí como persona adoptada.

Necesidades de reconocimiento:

- Necesito reconocimiento de mi herencia dual (la biológica y la adoptiva).
- Necesito que me aseguren frecuentemente que soy bienvenido y digno.
- Necesito que mis padres adoptivos me recuerden frecuentemente que están encantados por mis diferencias biológicas y que agradecen la singular contribución de mi familia biológica a nuestra familia a través de mí.

Necesidades parentales:

- Necesito unos padres que sean habilidosos para satisfacer sus propias necesidades emocionales, de modo que pueda crecer con unos modelos a imitar positivos y dispones de la libertad de centrarme en mi desarrollo en lugar de cuidar de ellos.
- Necesito a unos padres que estén dispuestos a dejar a un lado las ideas preconcebidas sobre la adopción y que estén formados en cuanto a las realidades de la adopción y las necesidades especiales a las que se enfrentan las familias adoptivas.
- Necesito escuchar a mis padres expresar abiertamente sus sentimientos sobre la infertilidad y la adopción, generando así un vínculo de intimidad entre nosotros.

- Necesito que mis padres adoptivos y biológicos tengan una actitud no competitiva. Si no es así, batallaré con problemas de lealtad.

Necesidades relacionales:

- Necesito tener relaciones de amistad con otros adoptados.
- Necesito que me enseñen que hay un momento para pensar en buscar a mi familia biológica y un momento para dejar de buscar.
- Necesito que me recuerden que, si soy rechazado por mi familia biológica, el rechazo será sintomático de su disfunción, y no de la mía.

Necesidades espirituales:

- Necesito que me enseñen que la narrativa de mi vida empezó antes de que naciera y que mi vida no es un error.
- Necesito que me enseñen que en este mundo roto y de dolor las familias cariñosas se forman tanto mediante la adopción como mediante el parto.
- Necesito que me enseñen que tengo un valor intrínseco e inmutable como ser humano.
- Necesito aceptar el hecho de que algunas de mis preguntas relativas a la adopción nunca serán contestadas en esta vida.

Tu mayor reto como padre consiste en identificar primero la necesidad especial que ha surgido y luego ayudar a tu hijo a verbalizarla. Esto le proporciona una cierta sensación de dominio y control sobre algo que siente que está fuera de su control. Ayudar a tu hijo a sanar se centra enormemente en un diálogo honesto y productivo entre tu hijo y tú.

Cuando tú, como padre, alcances un nivel tan profundo de comprensión de las necesidades especiales de tu hijo, podrás proporcionarle el apoyo que necesita no sólo ahora, sino durante toda su vida. A su vez, sus necesidades especiales se convertirán en pozos profundos de fortaleza personal y empatía en su interior a medida que se hace mayor.

¿Qué pueden hacer los padres?

- Buscar o fundar un grupo de apoyo para padres adoptivos en tu región.
- Leer *Talking with young children about adoption*, de Susan Fisher (medico) y Mary Watkins (doctorada) (Yale University Press, 1995).
- Leerle a tu hijo libros sobre la adopción. Los siguientes libros son para niños pequeños:

  Mario's big question… Where do I belong?, de Carolyn Nystrom (Lyon Publishing)

  The mulberry bird, story of an adoption, de la doctora Anne Brodzinsky (Perspectives Press)

  Two orphan cubs, de Barbara Brenner y May Garelick (Walker Publishing Company)

  Brian was adopted, de Doris Sanford (Multnomah Publishing)

- Toma prestados libros en tu biblioteca sobre terapia artística o creativa y practícala con tu hijo pequeño. Aquí tenemos algunos libros recomendados:

  The healing power of play, de Glian Gil (Guilford Press)

  Inscapes of the child's world, de John Allan (Spring Publications)

  El mundo secreto de los dibujos: sanar a través del arte, de Greg M. Furth (Luciérnaga, Barcelona, 1992).

- El doctor Foster Cline recomienda trazar el contorno del cuerpo de tu hijo en un gran papel de estraza y luego hacer que dibuje un enorme agujero en su cuerpo. El agujero representa el sentimiento de vacío interior que puede que a veces sienta. Esto puede que abra el camino a un debate importante entre tu hijo y tú.

Con tu hijo adolescente:

- Escucha una cinta (en lengua inglesa) titulada *Success stories… Parents and children share their trials, tribulations, and their succes-*

ses («Historas de éxito… Padres e hijos comparten sus problemas, tribulaciones y éxitos»). Pídela a Resourceful Recordings (teléfono de EE. UU.: (802) 276-3464; E-mail: service@resrec.com; dirección: 1420 East Hill Road, Brookfield (Vermont) 05036).

- Ve un vídeo titulado *Joni,* que explica la historia de una mujer joven que quedó tetrapléjica y se sobrepuso para convertirse en escritora, artista, cantante, conferenciante y defensora de los discapacitados. Puedes obtener la información sobre cómo conseguir esta cinta en el apéndice.

Nunca olvides lo importante que es tu papel para animar a tu hijo en la carrera de la vida. Tú eres su prótesis, su apoyo especial. Puede que seas uno de los pocos que comprenda de verdad sus singulares debilidades y fortalezas. Puedo verte en las gradas gritando: «¡Sigue adelante! ¡Sé que puedes hacerlo!».

Para que tu hijo reciba el apoyo especial y el amor que anhelas darle, debe hacer el duelo por su pérdida relacionada con la adopción de forma eficaz. Eso es de lo que trata el siguiente capítulo.

5

«Si no hago el duelo por mi pérdida, mi capacidad de recibir amor de ti y de los demás se verá dificultada»

La tercera cosa que tu hijo quiere que sepas es que, si no pasa el duelo por la pérdida debida a su adopción, su capacidad de recibir amor o de establecer vínculos emocionales contigo y con otras personas en forma de relaciones importantes puede que se vea seriamente afectada.

El doctor Daniel N. Stern, profesor de psiquiatría en la Universidad de Cornell, dice en su libro *The interpersonal world of the infant* que hay ciertas tareas del desarrollo que todo niño, sea adoptado o no, debe completar para crecer y convertirse en un adulto sano. Stern dice que la primera etapa del desarrollo (0-3 meses de vida) es la homeostasis, que se da cuando un bebé está relajado, atento e interesado por el mundo. La segunda etapa (4-7 meses de vida) implica el establecimiento de vínculos. Es aquí donde el bebé se interesa por su cuidador y responde especialmente a las sonrisas y el contacto, respondiendo con placer e interés. En la tercera etapa (8-18 meses de vida), el bebé muestra una amplia variedad de comportamientos socialmente importantes y puede pasar de la interacción a la separación.

Si el niño no completa una tarea en uno de los niveles, su adaptación se verá afectada cuando intente completar tareas en un nivel superior. Por ejemplo, si un bebé nunca aprende a relajarse en la primera etapa, probablemente tendrá dificultades para avanzar hacia la siguiente fase (el desarrollo de vínculos).

Echando la vista atrás a mis propios inicios, creo que me quedé atascada en la primera etapa (relajarme y responder), ya que incluso en el primer día de mi adopción estaba mostrando síntomas claros de duelo. Recuerdo a mis padres diciéndome, cuando era niña: «Cuando llegaste a casa no comías, por lo que el médico te dio una medicina para expandir tu estómago». Creo que mi rechazo a comer era una reacción de duelo por la madre que había perdido en mi nacimiento. Había perdido la esperanza de poder volver a estar, en algún momento, cerca de ella.

Es interesante ver que los animales, además de las personas, muestran este comportamiento de tipo duelo. Konrad Lorenz, en el libro de William J. Worden *El tratamiento del duelo: asesoramiento psicológico y terapia*, describía esto en el caso de la separación de un ganso común de su pareja:

> *La primera respuesta ante la desaparición de su pareja consiste en el intento ansioso de encontrarla. El ganso va, incansablemente, de un lado a otro de día y de noche, volando grandes distancias y visitando lugares en los que podría encontrarse su pareja, emitiendo todo el tiempo la penetrante llamada trisilábica de largo alcance [...]. Las expediciones de búsqueda se extienden cada vez a una mayor distancia, y con frecuencia la propia ave buscadora se pierde o sucumbe debido a un accidente [...]. Todas las características objetivas observables del comportamiento del ganso al perder a su pareja son, a grandes rasgos, idénticas al duelo humano.*

La especialista en el apego Connie Dawson (doctorada), en un mensaje para el American Adoption Congress (Congreso de Adopciones de EE. UU.), ilustró las reacciones de duelo de los recién nacidos al hablar de una mujer que era misionera en el Sudeste Asiático poco después de la guerra de Corea. La misionera y su marido regresaron a Nueva Zelanda durante esa época para que su hijo naciera y para así estar cerca de sus familias en el momento del parto. En esa época, el hospital neozelandés en cuestión estaba tan atestado que uno debía asegurarse una reserva para la fecha prevista del parto para que le pudieran garantizar una habitación.

La misionera se pasó dos semanas de su fecha prevista de parto, por lo que cuando éste empezó, el único lugar en el que pudo dar a luz fue en un pequeño hospital que normalmente sólo se dedicaba a las mujeres solteras. Alrededor de la mitad de los bebés se iban a dar en adopción. La misionera le dijo a Connie: «Mi habitación se encontraba al final del pasillo de la guardería y nunca podré olvidar sus llantos».

Cuando Connie le pidió una descripción de esos lamentos, la mujer dijo: «Bueno, los lloros de los pequeñines que se iban eran sollozos que me rompían el corazón».

Cuando le preguntó por la diferencia entre el grupo de bebés que se iban a dar en adopción y los que se iban a ir a casa con sus madres, la misionera dijo: «Todo en lo que puedo pensar es en palabras como "súplica" y "lastimero"; como si ya se hubiesen rendido».

Así es la realidad del duelo tras la pérdida y así suele ser la realidad del duelo debido a la adopción después de la renuncia.

Mary Watkins y Susan Fisher, madres adoptivas y profesionales del campo de las adopciones, describen a una niña pequeña manifestando su duelo en *Talking with young children about adoption*. «Durante varios días seguidos, una niña entretuvo a sus compañeros de la guardería a la hora de la siesta con la historia de su adopción, diciendo: "Cuando era una bebé hice un viaje muy muy largo en avión desde El Salvador, y Mamá y Jenny y Mimi vinieron a recogerme al aeropuerto". Los niños le preguntaron: "¿Comiste cosas en el avión?". Y la niña respondió: "Pollo y arroz, y tire mi biberón pasillo abajo"».

Los adoptados más crecidos pueden manifestar su pena de otras formas. Marcy Axness, adoptada y educadora del ámbito de la adopción, dice en *What is written on the heart*: «Pienso en cómo, cuando era joven y, en menor grado ya siendo adulta, estaba perdiendo u olvidando cosas continuamente o, incluso de forma todavía más extraña, me deshacía de mis objetos perfectamente útiles sólo porque no sentía una necesidad inmediata de ellos. De adolescente empecé, además, a cometer hurtos. Ahora me doy cuenta de que ésta era la forma en la que ponía de manifiesto mis recuerdos comportamentales de sentirme perdida, olvidada, que se hubiesen deshecho de mí, timada y robada».

Algunos adoptados, que no son conscientes de la pérdida relacionada con la adopción, reprimen el dolor mediante los logros. Éste fue el caso de Tim Green, el antiguo jugador de la Liga Nacional de Fútbol Americano. En su excelente autobiografía, *A man and his mother: An ADOPTED son's search,* Green revela los terroríficos sueños que le agobiaron desde su niñez hasta su edad adulta. Dice: «Entonces no tenía ni idea de las circunstancias inciertas sobre mi nacimiento, y mi acuciante necesidad de evitar cualquier recurrencia de ese doloroso rechazo reavivaba estas pesadillas. Sólo esperaba que desapareciesen por arte de magia». Únicamente fue cuando se enfrentó al dolor de la pérdida no resuelta cuando las pesadillas menguaron.

Incluyo estos ejemplos no para asustarte, sino para ayudarte a ser consciente de la necesidad de tu hijo desde el primer momento. Seguiré volviendo a hacer hincapié tanto en la pérdida como en las formas prácticas de lidiar con ella en los siguientes capítulos, de modo que puedas equilibrarlas con inteligencia, compasión y comprensión.

Por lo tanto, a la luz de esta información sobre el duelo del adoptado, te imagino diciendo: «¿Qué pueden hacer los padres adoptivos? ¿Cómo podemos ayudar a nuestro hijo pequeño a hacer el duelo por la pérdida en esta etapa concreta y a recibir nuestro amor? ¿Cómo podemos apoyar a nuestro bebé, hijo en edad escolar o adolescente?».

Hablaremos más acerca de esto en el próximo capítulo, pero primero comprendamos claramente en qué consiste el duelo:

- Pena
- Lamento
- Dolor
- Tristeza
- Angustia
- Desesperación
- Anhelo

Puede que pienses: «No puedo soportar el pensar que mi hijo ya ha experimentado todo esto. Me hace sentir muy impotente como padre». Permíteme asegurarte que no estás solo. Casi todos los padres adoptivos con los que he hablado expresan el mismo sentimiento cuando conocen el dolor asociado a la adopción.

Puede que te estés preguntando: «¿Es realmente necesario todo este asunto del duelo?». Sí, lo es, ya que uno debe entrar en la libertad a través del dolor. La única salida es atravesándolo. Una vez que se reconoce la pérdida relacionada con la adopción, las verjas de la prisión del duelo se abren para proporcionar acceso a un nuevo mundo. Qué genial será ver a tu hijo redefinir sus pérdidas y descubrir que la adopción fue exactamente lo que le enseñó algunas de las lecciones más valiosas de la vida. En lugar de depresión y tristeza, habrá alegría. En lugar de desorientación y falta de rumbo, habrá una vida con un objetivo. En lugar de sentirse de segunda clase, el niño adoptado sabrá que es querido y aceptado tal y como es.

El duelo trae consigo la sanación

El duelo *es* necesario, ya que la aflicción es la respuesta natural ante la pérdida. Es la forma que tiene el corazón de intentar sanarse a sí mismo. Es, para el alma, como la fiebre para el cuerpo.

El psiquiatra George Engels dice, en un artículo para la revista *Psychosomatic Medicine,* que la pérdida de un ser querido es psicológicamente traumática en el mismo grado que verse herido o quemado gravemente es fisiológicamente traumático. Argumenta que el duelo representa un alejamiento del estado de buena salud, y al igual que la curación es necesaria en el ámbito fisiológico para hacer que el cuerpo recupere su equilibrio, también es necesario un tiempo para hacer que la persona que está pasando un duelo regrese a un estado de equilibro.

Como la adopción es un viaje que dura toda la vida, y como los recuerdos sensoriales de la pérdida original se verán desencadenados a lo largo de la existencia por las pérdidas posteriores, el adoptado necesitará aprender a sentirse cómodo con sus propios sentimientos durante varias etapas de su vida. En los momentos de tristeza debe permitir que broten las lágrimas. En los momentos de abandono/rechazo/traición debe verbalizar su ira y su dolor. No debe reprimirse.

Si puedes ayudar a tu hijo a hacer el duelo por la pérdida original desde el primer día, su capacidad para llorar pérdidas futuras se verá enormemente potenciada. ¡Menudo regalo que puedes hacerle! En el siguiente capítulo compartiré ideas prácticas sobre cómo ayudarle a hacer el duelo por sus pérdidas. Pero primero asegurémonos de comprender adecuadamente el proceso del duelo.

El proceso del duelo

Al investigar para escribir este libro no pude encontrar nada de información sobre el hacer el duelo por la pérdida relacionada con la adopción. Hay libros que tratan con tipos especiales de duelo, como el motivado por el síndrome de muerte infantil súbita (SMIS), una interrupción del embarazo espontánea, el aborto, el nacimiento de un bebé muerto y el suicidio, pero no hay nada específico asociado a la adopción. Creo que la adopción *es* un tipo especial de pérdida y que el duelo es una respuesta natural y necesaria.

El pasar el duelo es un proceso, y los psicólogos difieren en cuanto a sus explicaciones, teorías y términos para describirlo. La afamada autora Elisabeth Kubler-Ross describió el proceso del duelo en forma de etapas: negación, ira, negociación y aceptación. Otros, como John Bowlby, un destacado investigador y profesor en el campo del desarrollo de la personalidad, lo define en forma de fases. Aunque ambos enfoques puede que resulten satisfactorios para la mayoría de las formas de pérdida, hay otro planteamiento que me parece mejor adaptado a la pérdida relacionada con la adopción.

William J. Worden, un profesor de psicología de la Facultad de Medicina de la Universidad de Harvard, enseña el concepto de las *tareas* con respecto al proceso del duelo. Su enfoque implica que el duelo puede verse influido por la intervención desde el exterior y que hay algo que la persona doliente puede *hacer.* En cambio, las teorías tradicionales sobre el proceso del duelo implican una cierta pasividad por parte del doliente.

Las terapeutas Holly van Gulden y Lisa M. Bartels-Rabb, en su libro *Real parents, real children,* dicen que el distanciamiento es una forma de pasividad que los niños más pequeños muestran como respuesta a un duelo no resuelto. «Las conductas de distanciamiento incluyen un aspecto descuidado (la ropa y la higiene). Puede que un niño estropee unas prendas nuevas o que logre permanecer continuamente sucio. Está esperando, subconscientemente, que los conductores del autobús escolar o sus maestros piensen que su familia adoptiva es pobre o que no le está cuidando».

Un hombre que había sido adoptado ilustraba su pasividad cuando dijo: «Siempre he creído que no tengo derecho a pedir cosas que otras personas sí piden. Me hace sentir nervioso ser asertivo en lo más mínimo incluso con respecto a los detalles más nimios de la vida, y cuando mi mujer lo es, me siento completamente avergonzado».

Una mujer de mediana edad que había sido adoptada dijo: «El niño huérfano en mi interior *se siente* cómodo estando solo y sin vínculos».

Permíteme añadir, llegados a este punto, que no todos los adoptados tienen problemas de apego. Según Gregory C. Keck (doctorado), especialista en el apego y los vínculos afectivos, en un artículo para la revista *Jewel Among Jewels Adoption News*: «Los trastornos del apego y la adopción no tienen, necesariamente, relación. La mayoría de los adoptados no padecen trastornos del apego. Sin embargo, muchas personas que los sufren son adoptados. La gente suele hablar de la adopción como si se tratase de un diagnóstico, en oposición a un trastorno o un estado. Eso me preocupa. Probablemente todos nosotros hemos padecido problemas de apego y separación en nuestra vida».

El enfoque del doctor Worden, orientado hacia las tareas, parece hecho a medida para hacer el duelo por la pérdida relacionada con la adopción, ya que implica a los padres en conversaciones tempranas con el niño, lo que a su vez favorece el duelo. Hace que los padres estén más cerca de la realidad del bebé o el niño y minimiza la inclinación del adoptado hacia la pasividad (la tendencia a rendirse).

Asumiendo que el enfoque de Worden con respecto al duelo sea un buen modelo para muchos adoptados, echemos un vistazo más detenido al método.

Las cuatro tareas del duelo

La primera tarea que Worden describe es la aceptación de la realidad de la pérdida, parte de la cual consiste en creer que el reencuentro con esa persona es imposible. Al aplicar su tarea al ámbito de la adopción, lo primero que tenemos que hacer es definir la palabra «reencuentro» en lo tocante a la adopción.

El primero sucedería si el adoptado pudiera regresar a su etapa prenatal. El segundo reencuentro se produciría si el adoptado pudiera regresar al estado en el que no era adoptado, cuando sus únicos padres eran sus padres biológicos. Es imposible que el niño adoptado consiga estos reencuentros. El adoptado nunca conocerá a su madre biológica de la forma íntima en la que lo hizo en el útero, y tampoco conocerá a sus padres biológicos como sus únicos padres.

Sin embargo, lo que resulta interesante destacar es que existe otra dimensión para el término «reencuentro» para el adoptado. Yaciendo latente bajo esa relación aparentemente perdida se encuentra la esperanza intermitente de un reencuentro posterior a la adopción en algún momento del futuro. Por lo tanto, la tarea del adoptado consiste en aceptar la realidad de los dos primeros reencuentros mientras anhela el reencuentro que podría darse. Es una tarea cuando menos confusa.

Confusa, pero no imposible de conseguir. Muchos adoptados han estado a la altura del desafío y ha aprendido a aceptar el futuro mientras dejan correr el pasado.

La mejor forma en la que los adoptados jóvenes pueden aceptar la realidad de las dos primeras pérdidas es mediante el reconocimiento paterno. La doctora Wendy McCord, una psicoterapeuta y antigua presidenta de la división en Los Ángeles de la Association of Pre and Perinatal Psychology and Health (APPAH) (Asociación de la Psicología y la Salud Prenatal y Perinatal), dijo en una entrevista con Marcy Axness: «Creo que podemos decir, en gran medida, que todos los bebés adoptados se encuentran en un estado de *shock,* que es el nivel más grave del trauma. Necesitan que los abracen mucho, necesitan que les aporten verdadera empatía, y lo que hacen debe interpretarse en términos de su pérdida. Los padres que se niegan a aceptar esto añaden otro trauma a lo que el bebé ya ha sufrido».

La doctora McCord prosiguió, diciendo que estas realidades sobre la pérdida y el dolor deben verbalizarse: «No soy la madre que esperabas, no huelo como ella, mi voz no suena como la de ella. Soy una madre distinta, y te quiero y no voy a abandonarte».

A medida que el niño crece y piensa en un reencuentro posterior a la adopción con sus padres biológicos, puede que lo mejor que puedan hacer los padres adoptivos para facilitar el paso adecuado por esta primera tarea consista en reconocer, abierta y cariñosamente, la existencia de los padres biológicos y asegurar a su hijo que algún día un reencuentro podría ser posible. Por supuesto, esto no sería necesario en el caso de una adopción abierta, ya que entonces existiría un contacto continuo con la familia biológica.

La segunda tarea consiste en ocuparse del dolor del luto. Si no nos ocupamos de él puede que se ponga de manifiesto en forma de otros síntomas como el mal comportamiento, prender fuego a cosas, la crueldad con los animales, trastornos alimentarios, agresividad, depresión, suicidio y conductas criminales, por nombrar algunos. Nancy Verrier, autora del revolucionario libro *El niño adoptado: comprender la herida primaria*, dice: «Según las estadísticas de 1985 usadas por Parenting Resources, de Santa Ana (California), aunque los adoptados suponían entre el 2 y el 3 % la población estadounidense, representaban entre el 30 y el 40 % de las personas que se encontraban en instalaciones residenciales de tratamiento, cárceles de menores y escuelas especiales».

Vuelve a pensar por un momento en la pérdida previa a la adopción. Para el adoptado, su vida psicológica está partida en dos: *antes* de la adopción y *después* de la adopción. Entre medias tenemos un gran abismo (del cual puede que sea o no consciente), un lugar de impotencia, rechazo y pérdida de control. Es importante que los padres adoptivos recuerden que éste es el mismísimo lugar en el que se dará el apego contigo como padre. Mientras vas con tu hijo a ese lugar, se formará un vínculo *en medio de* la pérdida y el dolor. Ir a este lugar con tu hijo requerirá de valentía, además de hacer tu propio trabajo emocional. No podemos llevar a los demás allá donde no hayamos estado nosotros antes, o su dolor nos ahuyentará.

La tercera tarea del duelo requiere de la adaptación a un nuevo entorno, y para el adoptado, los ambientes nuevos suelen suponer un reto. Recuerda la adaptación original que tuvo que hacer el niño adoptado a su hogar adoptivo. Perdió todo lo que le resultaba familiar. Su realidad emocional era lo contrario a lo que estaba sucediendo a su alrededor.

Esta vulnerabilidad al cambio en su entorno también se da con niños mayores que han sido abandonados. Los problemas emocionales, pese a ser de naturaleza similar a los de un niño pequeño, se ven agravados por el trauma de abandonar lo que era familiar.

Amanda, que tenía siete años, tuvo que ser apartada de su hogar debido a la enfermedad mental debilitante de su madre. «Lo que sentía era terror [...], un terror absoluto y miedo a lo desconocido. Temía no poder confiar en nadie». Durante su viaje a su nuevo hogar, se aferró a lo que le resultaba familiar: cualquier cosa que supusiese un vínculo con su pasado y que le ayudase a sentirse más relajada. En su nuevo hogar empezó a poner de manifiesto sus emociones siendo muy posesiva con sus juguetes y su ropa. «Nadie reemplazará a ningún miembro de mi familia» era su recuerdo predominante.

Watkins y Fisher, en *Talking with young children about adoption*, describen a una niña de tres años que sufría unos problemas similares. «La niña india se muestra vacilante a la hora de entrar a la iglesia en la que se está celebrando una fiesta de niños indios adoptados y sus padres. Después de una espera de cuarenta y cinco minutos en el exterior con su padre, le pregunta si una mujer blanca que lleva un sari es su madre. Cuando él le asegura que no lo es, la niña confiesa que está confundida por las diferencias entre su madre, su madre biológica de la India, su madrina, también de la India, y que esperaba que estuviese en la fiesta, y su abuela».

Los adoptados adultos que asisten a grupos de apoyo confirman que frecuentemente les resulta difícil entrar en grupos nuevos o enfrentarse a nuevos retos. Un hombre adoptado que estaba en el paro confesó: «Cada vez que iba a una entrevista de trabajo me sentía como si se estuvieran fijando en mí como en un candidato potencial para la adopción una y otra vez».

La tarea número cuatro requiere que la persona que hace el duelo reubique a la persona perdida y siga adelante con su vida. Expresado en términos propios de la adopción, reubicar a la persona perdida significa permitirse a uno mismo pensar en la familia biológica, pero luego decidir retirarles energía emocional y reinvertirla en otras relaciones. En otras palabras, el adoptado ya no está obsesionado con su familia biológica, y sus pensamientos acerca de ella experimentan altibajos.

Una reubicación literal de la persona perdida puede resultar imposible, a no ser que estemos hablando de una adopción abierta o de un reencuentro más adelante en la vida. Si la adopción es cerrada o semicerrada, este paso requerirá que los padres adoptivos proporcionen información nueva sobre la madre o la familia biológica al niño adoptado en distintas etapas de su desarrollo. Si no disponen de ninguna información, como en el caso de muchas adopciones internacionales, también deberá hacerse el duelo con respecto a esto como si se tratase de otra pérdida.

Una madre dijo: «Cuando mi hija celebró su decimotercer cumpleaños, todo el asunto de la adopción la golpeó con una fuerza enorme. Lloró y dijo: "Ojalá pudiera saber, aunque sólo fuera, su nombre [el de su madre biológica]"».

La madre adoptiva, que desconocía el nombre de la madre biológica, preguntó inteligentemente: «¿Cuál te gustaría que fuese su nombre?».

Cuando la niña escogió un nombre, su madre le dijo: «Entonces ése será su nombre». Eso fue suficiente para consolar a la hija adoptiva, además de ayudarla a reubicar a su progenitora perdida en el interior de su consciencia. Antes de ese momento, la niña quizá no había considerado permisible pensar en su madre biológica.

Otras formas en las que un niño adoptado podría ubicar emocionalmente a su madre biológica consistirían en empezar a hacer preguntas sobre ella, conocer el lugar en el que cursó sus estudios secundarios y encontrar una foto suya en un anuario escolar, o visitar el hospital en el que nació el bebé adoptado. Frecuentemente, todo lo necesario es una simple conexión.

Esto cierra las cuatro tareas relacionadas con el duelo que el adoptado debe gestionar para que se produzca el vínculo afectivo. Ahora hablemos de por qué los adoptados no logran, a veces, hacer el duelo.

El duelo abortado

Los expertos en los vínculos afectivos dicen que durante los dos primeros años de vida hay un ciclo que se produce miles y miles de veces. En primer lugar, hay una necesidad. La necesidad no cubierta se expresa entonces en forma de un estado de ira o de rabia, y la expectativa es que el niño vea la necesidad satisfecha. Si se produce la satisfacción, la confianza crece. La gratificación incluye la comida, las caricias, el contacto ocular, el movimiento o cualquier tipo de estimulación por parte de otra persona.

Cuando el ciclo se ve interrumpido por algo como la adopción, algunos niños aprenden a no confiar en los demás en cuanto a la satisfacción de sus necesidades. En lugar de ello sólo confían en sí mismos. Otros, por otro lado, son resilientes y se relajan con los vínculos afectivos sin problemas. Los propios cuidados de la madre biológica durante el embarazo son un importante factor determinante en este caso.

Marcy Axness, en su excelente folleto *What is written on the heart: Primal issues in adoption*, dice: «Para un feto, el estado emocional de su madre es el estado del universo. La ansiedad crónica en una madre estresada le comunica al organismo en desarrollo que va a nacer en un entorno peligroso, y el desarrollo de su sistema nervioso se adapta consecuentemente».

¿Cómo pueden los padres saber si el niño no ha logrado hacer el duelo y es incapaz de establecer vínculos afectivos? El doctor Greg Keck dice: «Los síntomas de la falta de apego serán evidentes pronto: a veces en la infancia, con problemas a la hora de comer y alimentarse, bebés que arquean la espalda y se ponen tiesos, que no quieren que los toquen y que muestran una falta de contacto ocular. Algunos de los niños más difíciles han sido aquellos que fueron recogidos en el hospital y que no tuvieron contacto con su madre biológica. Lloraron durante todo el camino desde la clínica hasta su hogar, y estoy seguro de que los lloros se transformaron en ira y que la ira se transformó en un comportamiento horrible, y para cuando cumplen los quince años y acuden a nuestra consulta, los padres dicen: "Sí, esto empezó en el hospital y no ha acabado desde entonces"».

El Attachment Center at Evergreen, Inc., resume síntomas concretos de las dificultades relacionadas con los vínculos afectivos:

Desde el nacimiento hasta el año de vida:

- Incapacidad de responder con reconocimiento de la cara del principal cuidador durante sus primeros seis meses de vida.
- Vocalizaciones (balbuceos, lloros) infrecuentes.
- Resistencia al contacto físico o parece estresarse como consecuencia de él: está rígido y se muestra inflexible.
- Excesiva susceptibilidad e irritabilidad.
- Se muestra pasivo o retraído.
- Tono muscular flojo: está flácido.

Del año a los cinco años de edad:

- Es excesivamente dependiente y quejumbroso.
- Rabietas persistentes y frecuentes que a veces se intensifican más allá del control del niño.
- Umbral de malestar elevado: parece ajeno a la incomodidad provocada por la temperatura, se rasca zonas irritadas y costras hasta que acaba sangrando sin manifestar dolor.
- Es incapaz de mantenerse ocupado de una forma positiva sin implicar a otros.
- Se resiste a que le cojan.
- Exige afecto de forma controladora y de acuerdo con sus condiciones.
- No tolera la separación de su principal cuidador a no ser que sea de acuerdo con sus términos.
- Muestras de afecto indiscriminadas, a veces con desconocidos.
- Problemas en el desarrollo del habla.
- Problemas de coordinación motora: se le considera propenso a los accidentes.
- Hiperactividad evidente.
- Problemas alimentarios.
- Al cumplir los cinco años puede ser manipulador, retorcido, des-

tructivo, provocar dolor a las mascotas, ser deshonesto frecuentemente.

Desde los cinco hasta los catorce años de vida:

- Se implica superficialmente y es «encantador». Usa su «gracia» para hacer que otros hagan lo que quiere.
- Falta de contacto ocular de acuerdo con los términos de sus padres: dificultad para establecer contacto ocular con los demás mientras hablan con ellos.
- Afecto indiscriminado con desconocidos: aborda a extraños y se pone demasiado afectuoso con ellos o les pide que vayan a casa con él.
- No es afectuoso de acuerdo con los términos de los padres (no le gustan los abrazos): rehúsa las muestras de cariño y aparta a sus padres, a no ser que el niño tenga el control sobre cómo y cuándo se reciben las muestras de afecto.
- Es destructivo consigo mismo, con los demás y con los objetos materiales. Es propenso a los accidentes. Parece disfrutar haciendo daño a los demás y rompe o echa a perder cosas deliberadamente.
- Crueldad con los animales: puede incluir un acoso incesante, la agresión física, la tortura o la matanza ritual.
- Robos: hurta cosas en casa, de sus padres y hermanos y de formas que prácticamente garantizan que le pillen.
- Miente sobre cosas obvias: miente sin razón aparente cuando hubiera sido igual de fácil decir la verdad.
- No controla sus impulsos (frecuentemente actúa de forma hiperactiva): es extremadamente desafiante y está airado; necesita ostentar el control sobre las cosas que suceden en su vida; tiende a mangonear a los demás; responde con quejas prolongadas cuando le piden que haga algo.
- Retrasos de aprendizaje: suele rendir menos de lo esperado en la escuela.
- Carencia de pensamiento de causa y efecto: se sorprende cuando los demás se muestran molestos por sus acciones.

- Acaparamiento o atiborramiento de comida: tiene otros hábitos alimentarios inusuales (come papel, pegamento, harina, basura, etc.).
- Relaciones pobres con sus compañeros: dificultad para hacer y conservar amigos durante más de una semana; mandón cuando juega con otros.
- Preocupación por el fuego o la violencia: se muestra fascinado o preocupado por el fuego, la sangre o las actividades morbosas.
- Preguntas y parloteo persistentes: hace repetidas preguntas sin sentido o parlotea sin parar.
- Inadecuadamente exigente o dependiente: intenta conseguir atención exigiendo las cosas en lugar de pedirlas; es afectuoso sólo cuando quiere algo.
- Patrones de habla anormales junto con otros síntomas más serios
- Se comporta mal desde el punto de vista sexual: puede comportarse de forma sexualmente provocativa con compañeros o adultos; se masturba en público.

Por qué los adoptados no hacen su duelo

Frecuentemente con cualquier tipo de pérdida, pero especialmente en el caso de la pérdida relacionada con la adopción, hay una sutil interacción entre la sociedad y la persona doliente en la que la sociedad transmite el siguiente mensaje: «No necesitas estar de duelo». Éste fue el caso de la pequeña Jessica DeBoer.

La portada del 19 de julio de 1993 de la revista *Time* mostraba a una Jessica perpleja sostenida entre sus padres adoptivos con el siguiente pie de foto: «¿De quién es esta niñita?». Menos de un año después, el ejemplar del 21 de marzo de 1994 de la revista *Newsweek* mostraba a una Jessica sonriente con el siguiente pie de foto: «Ya no es la bebé Jessica». Todos los vestigios de su pasado habían sido eliminados… incluso su nombre.

Yo, junto con muchos amigos adoptados, estábamos airados. La sociedad le había negado a una criatura inocente la libertad de hacer su duelo.

Otra razón por la cual el niño adoptado no hace su duelo es que no siente la necesidad de hacerlo. La adopción no es más que un hecho relativo a su vida, y nada más. Si le preguntaras si querría unirse a un grupo de apoyo para adoptados, te preguntaría: «¿Por qué?». Como cada ser humano responde y se adapta a la pérdida de forma distinta, puede que, verdaderamente, algunos adoptados no necesiten pasar un duelo. Para la mayoría, sin embargo, hacer un duelo de forma sana les permitirá ser más plenos y mostrarse más cercanos con los demás.

La tercera razón por la cual los adoptados no hacen el duelo y no aprenden a conectar es que sus padres son ignorantes con respecto a la adopción y las necesidades no verbalizadas del niño. Será imposible que conozcas los problemas centrales que tu hijo está intentando expresarte y que luego los reconozcas a no ser que te eduques bien en lo tocante a las repercusiones de la pérdida relacionada con la adopción. Hay muchos libros en el mercado, pero los esenciales que recomiendo aparecen listados en el apéndice, al final de este libro.

Ahora que nos hemos fijado en los hechos esenciales sobre el duelo, avancemos hacia las bendiciones que siguen al hecho de pasar el duelo.

Las bendiciones que vienen después del duelo

El especialista en la pérdida y fundador de Connections-Spiritual Links, el reverendo hermano Richard Gilbert, nos aporta una imagen clara de las bendiciones que tu hijo puede experimentar una vez que haya hecho el duelo por sus pérdidas relacionadas con la adopción exitosamente. Gilbert escribe:

¡Soy adoptado! Ésta es parte de mi historia, la «causa de mi fama», y es sólo a través del trabajo duro y la lucha en mi vida con el duelo, por lo que es algo que ahora puedo reivindicar con un nombre. Alguien no me quiso. Ésa se convirtió en mi historia, mi cicatriz, mi lucha. Cuando supe de mi adopción, agravada por las dinámicas en mi vida familiar y por otras batallas, sólo «oí» que alguien no me había querido, que fui rechazado en

algún lugar y que, de algún modo ahora yo soy diferente. Todo esto, pese a estar basado en hechos cuestionables, se convirtió en la energía que me mantenía y frecuentemente me controlaba (por lo menos hasta hace poco) en la trayectoria de esta vida de ira, debate, búsqueda y la obstinada determinación de demostrarles a «ellos», quienquiera que fuesen mis padres biológicos, que se equivocaron al renunciar a mí. Mediante la fe, la búsqueda, una esposa y una familia maravillosas y unos amigos alentadores, mi propio trabajo y la escritura relacionados con la pérdida, mi terapia y mi determinación para ser «libre», he reconocido mi derecho y mi necesidad de afirmar mi bondad en mi interior. Se convirtió en menos (pese a que nunca desaparece por completo) de «alguien no me quiso» para pasar a ser un mucho de «mira quién soy y lo que ha sido mi vida». Por lo tanto, ¿qué significa esto? Significa que he aprendido a considerar la adopción no como una marca o una cicatriz, sino como un regalo. Es un regalo porque yo soy un regalo.

El duelo es el proceso por el que muchos adoptados deben pasar para sanar y para que se dé la libertad; pero sé consciente de que creciendo encima de la herida del duelo hay una gruesa capa de ira. ¡Vigila, ya que podrías convertirte en su objetivo! Es importante que aprendas cómo ayudar a tu hijo a procesar su rabia sin tomártelo personalmente. De esto es de lo que hablaremos en el siguiente capítulo.

6

«Mi duelo no resuelto puede aflorar en forma de ira hacia ti»

«¿Cuándo va a desaparecer esto?», preguntó una adoptada de veinti-tantos años, entre lágrimas, en un taller de adopción que dirigí hace poco. Se refería a su ira: una rabia volcánica que entraba en erupción a oleadas en momentos inapropiados.

No estaba sola ese día. Sus compañeros adoptados asintieron en silencio y compasivamente. Lo mismo hice yo.

Puedo recordar berrinches cuando era una niña pequeña. Pese a que no puedo recordar qué los desencadenaba puedo ver a mi yo de niña en el suelo llorando a pleno pulmón. Siendo adolescente, mi genio explotaba por asuntos sobre las citas. ¿Hasta qué hora podía estar fuera de casa si salía con una cita? ¿A dónde podía ir? Éstas son batallas normales para cualquier adolescente, pero para mí, las respuestas de mis padres a estas preguntas conllevaban un mayor peso. No sólo estaba intentando aprender a volar y descubrir mis límites personales, como hacen todos los adolescentes, sino que también estaba intentando resolver cuestiones más centrales relacionadas con el hecho de ser adoptada: *¿Quién soy realmente? ¿Cuánto valgo? ¿Dónde está mi lugar en este mundo?*

Durante esas ocasiones atacaba a mi madre adoptiva con palabras que herirían incluso a los padres más fuertes. Luego la rabia se desva-necía y me sentía extremadamente culpable, ya que yo quería de ver-dad ser buena, pero la había vuelto a fastidiar.

Siendo una adulta joven, los ataques de ira y las amenazas en las que decía que iba a dejar a mi marido eran moneda habitual. Estallaba incluso por culpa de pequeños desacuerdos. Cuando Bob se fue en un viaje de negocios, me molesté. Bajo mi ira se encontraba mi miedo primario al abandono. La rabia también salía a la superficie siempre que él no estaba a la altura de mis expectativas (la perfección). Es como si estuviera en una montaña rusa, impulsada por la rabia.

Las raíces de la ira de los adoptados

El diccionario define la ira como «un fuerte sentimiento de disgusto y beligerancia despertado por un error real o hipotético». Puesto en términos del ámbito de las adopciones, el adoptado se siente tratado de forma injusta de una forma primaria. Incluso aunque un niño quizás no procese conscientemente su dolor relativo a la renuncia, en lo más profundo de su ser se encuentra la siguiente pregunta: «¿Cómo puede una mujer llevar un bebé en su interior durante nueve meses y luego simplemente traicionarle?». Recuerdo a una adoptada adulta explicando su historia, y cuando llegó a las palabras «simplemente traicionarle», su voz se quebró debido a la emoción. Otra mujer resumió su sensación de injusticia diciendo: «Simplemente no puedo creer que ella [la madre biológica] siguiera con su vida sin mí».

Paradójicamente, esa sensación de injusticia yace en el interior del corazón del adoptado junto con un amor misterioso y la lealtad hacia la madre biológica.

Esto ha sido algo evidente en nuestro grupo de apoyo de adultos que fueron adoptados de niños, y creo que esto también en así en el caso del niño adoptado.

Una adoptada adulta entró en mayor contacto con esos sentimientos paradójicos mientras exploraba sus pérdidas relacionadas con la adopción visitando la guardería de un hospital local. Estudió a los bebés durante algunos minutos e intentó ponerse en su lugar. ¿Cómo podría haberse sentido en el momento del nacimiento y la renuncia? ¿Qué habría pasado a su alrededor? Escribió un diario con sus sentimientos y se lo leyó a su grupo de apoyo.

La respuesta del grupo fue positiva, pero también tenue. En la siguiente reunión, confesó su miedo por haber ido demasiado lejos en la verbalización de sus pensamientos secretos sobre su madre biológica. Fue entonces cuando un adoptado de veintiún años le contestó: «Quería pedirte una copia, pero tenía miedo de hacerlo».

Aquí tenemos los pensamientos que anotó:

¿Por qué tú tienes el visto bueno en cada situación, desde el nacimiento en adelante, y yo me quedo sin elección o voz?
¿Por qué me has enviado al exilio para evitar ser tú la que vaya al exilio?
¿Por qué me has dejado sentada aquí sin lo que necesito para ser completa?
¿Por qué he estado más preocupada por tu bienestar, querida madre biológica, que por el mío propio?
¿Por qué nace mi razón por querer encontrarte de la preocupación por ti? (Quiero asegurarte que yo estoy bien de modo que no tengas que preocuparte por mí).
¿Por qué te doy tanto poder, tanto control?
¿Por qué he estado frecuentemente enfadada con Dios por fastidiar mi vida convirtiéndome en una adoptada cuando, en realidad, él me apartó de tu vida por el bien de mi propia protección emocional?
¿Por qué estoy dispuesta a acarrear con tu sufrimiento durante toda la vida permitiendo que dispongas del visto bueno en cada situación?
¿Por qué?
¿Por qué son las cosas así?
¿Me lo puede explicar alguien?

Espero que estas reflexiones proporcionen pistas sobre los pensamientos no verbalizados de tu hijo adoptado. El mayor indicador de que un niño tiene una lealtad oculta por su madre biológica es su resistencia hacia su madre adoptiva. Nancy Verrier, conferenciante, autora y madre adoptiva conocida mundialmente, explica en *El niño adoptado: comprender la herida primaria:* «Es la experiencia real del abandono por parte del adoptado lo que provoca que proyecte a la madre que le ha abandonado por encima de la madre adoptiva. Ella está, después de todo, disponible, mientras que la madre biológica no lo está».

La ira es una emoción compleja cuando menos. Puede reprimirse, dirigirse hacia cualquier otro lugar o proyectarse sobre alguna otra persona. Por lo tanto, la ira está formada por muchos mensajes enmarañados. Aparte del mensaje central de «He sido tratado de forma injusta», hay otros pensamientos que se ocultan en la mente de muchos adoptados.

«¡MAMÁ, VUELVE, POR FAVOR!»

Creo que la ira del adoptado esta dirigida principalmente hacia la madre biológica, con la intención de castigarla por su abandono, además de los lloros desde las profundidades del corazón del adoptado por un reencuentro.

«Mamá, has cometido un error abandonándome. No vuelvas a abandonarme. Vuelve, por favor».

La ira del adoptado, por lo común se transforma en rabia: una rabia primaria que creo que nace en el momento en el que la madre biológica deja de estar presente, explica Verrier en *El niño adoptado: comprender la herida primaria:* «Estoy hablando de una ira apabullante que parece salir de la nada y que o explota en el lugar o se entierra de modo que le deje a uno entumecido. Estoy hablando de la ira de un niño pequeño. La rabia le parece tan potente a la persona que espera, que le acecha en su interior de modo que no logra sentirla en absoluto. Otras personas parecen estar enfadadas con todos y con todo…».

Escucha las palabras que un adoptado escribió mientras se ponía en contacto con su ira primaria hace algunos años: «Oh, pequeño bebé, tan suave y tan puro. No tienes ni idea de que una ira volcánica se ha generado en tu pecho hacia la persona que te abandonó. No tienes ni idea de que las semillas del miedo están enterradas en tu corazón, listas para madurar a medida que pasen los años. No tienes ni idea de que hay un Dios que cuida de ti, que te ama profundamente. No tienes ni idea de las lágrimas que él vierte mientras observa tu vida desde el principio hasta el final, y ve la devastación resultante de este momento en el tiempo. No tienes ni idea. Simplemente sigues durmiendo».

Cuando un adoptado entra en contacto con la ira, ésta parece interminable e incontrolable, ya que para el niño pequeño no existe una sensación de tiempo o de poder personal para hacer que el dolor llegue a su fin.

«ESTOY SOLO»

Otro mensaje detrás de la ira del adoptado es «Estoy solo». La soledad es el sentimiento del aislamiento. Es la sensación de vacío de que la conexión con alguien cercano se ha roto.

En este aspecto, muchos adoptados se sienten enfadados con su madre adoptiva porque ella no fue su «mamá en el vientre». Se han perdido la cercanía con ella y la anhelan.

Las doctoras Fisher y Watkins, en *Talking with young children about adoption*, dicen que incluso los niños pequeños expresan estos pensamientos. Proporcionan el ejemplo de un niño de dos años y medio: «¿Se puso tu tripa grande y gorda cuando yo estaba dentro?». (Su madre le dice que no). «Pero yo quiero estar en *tu* vientre».

«ERES EL CULPABLE»

La ira del adoptado también se ve dirigida hacia cualquier otra persona que él crea que ha desempeñado un papel en la pérdida o que está impidiendo, de alguna forma, un reencuentro, principalmente los padres adoptivos. Éstos, y especialmente las madres, suelen encontrarse con los embates de la rabia del adoptado, ya que están presentes. Es más difícil estar enfadado con alguien que es un misterio (la madre biológica). Aunque puede que el adoptado albergue una profunda ira hacia la madre biológica, frecuentemente ella no es consciente de ello.

Estuve plagada de culpabilidad durante la mayor parte de mi vida por la ira que sentía por mi madre adoptiva. Pensé que se trataba de un defecto dentro de mí, pero ahora me doy cuenta de que estaba enfadada por algunas razones que tienen sentido a la luz de las pérdidas que había experimentado.

Estaba enfadada con mi madre adoptiva por no explorar abiertamente conmigo el asunto de la adopción. Estaba enojada porque el tema de la adopción la hiciese sentir incómoda. Estaba irritada de que me ridiculizara siempre que mostraba ira o emociones fuertes. Estaba enfadada de que se tomase las cuestiones de mi adopción a la ligera. Como fue incapaz de ayudarme a procesar mi pérdida y mi pena acabé culpándola por ello. Ella no era responsable de mis pérdidas, pero necesitaba que «escuchara» los lamentos más profundos de mi corazón. No era capaz, y eso me irritaba.

«DEBO PROTEGERME FRENTE A MÁS PÉRDIDAS»

Otro mensaje que la ira del adoptado lleva consigo es el de «Debo protegerme frente a más pérdidas. Por lo tanto, te excluiré». Éste es, normalmente, un pensamiento inconsciente, pero el adoptado lo pone en evidencia permitiendo que su madre adoptiva se acerque lo bastante como para ser «casi» una madre, pero no completamente.

Cuando una madre adoptiva percibe este muro de separación (indiferencia) generado por la represión del dolor no resuelto, es probable que lo interprete como un rechazo y que entonces se sienta más insegura en su papel como madre. Sus inseguridades son entonces percibidas por el niño como un rechazo, por lo que el ciclo de la separación continúa.

«SOY DIFERENTE A TI»

Los doctores John Townsend y Henry Cloud, psicólogos clínicos, afirman en su libro *Boundaries:* «Los niños necesitan que les enseñen que la ira es una amiga. Fue creada por Dios con un fin: decirnos que hay un problema que debemos afrontar. La ira es una forma de que los niños conozcan que su experiencia es distinta de la de otra persona».

Recuerda que puede que tu hijo no considere el milagro de la adopción de forma tan positiva como tú. Tu hijo está pasando por una experiencia única que, a no ser que tú fueses adoptado, no podrás comprender en su totalidad. Mediante su rabia, puede que tu hijo esté gritando, de la única forma que conoce, por un reencuentro con su madre perdida y por la proximidad contigo.

Es crucial que llegues a comprender el singular viaje de tu hijo, de modo que puedas ayudarle a establecer las conexiones que necesita para sanar.

Cómo se pone de manifiesto la ira del adoptado

La rabia del adoptado puede ponerse de manifiesto de varias formas. No siempre tiene por qué consistir en una pataleta dirigida a otros, sino que más bien puede ser como el musgo que crece en una esquina húmeda y oscura de un sótano.

Betty Jean Lifton (doctorada), autora y conferenciante conocida internacionalmente, dice en *Journey of the adopted self:* «La ira, que es la otra cara de la depresión, siempre está esperando a intervenir en el adoptado [...]. La ira que los adoptados han acumulado a lo largo de los años puede surgir en forma de una rabia incontrolable. Tenemos la ira no expresada porque son adoptados; la rabia porque son diferentes; la cólera porque son incapaces de conocer sus orígenes; la furia porque no pueden expresar sus verdaderos sentimientos en un clima familiar de negación.

Cuando se permite que esta ira se acumule en un niño a lo largo de los años, acabará saliendo a la superficie en forma de agresividad (robando, prendiendo fuego a cosas, destrozando pertenencias), y si se deja sin resolver, en forma de violencia».

Leon Cytryn (médico) y Donald McKnew (médico), profesores de clínica médica en la Facultad de Medicina de la Universidad George Washington y autores de *Growing up sad: Childhood depression and its treatment,* describen tres tipos de depresión en los niños de entre seis y doce años: aguda, crónica y oculta.

La depresión aguda y la crónica tienen características similares, que incluyen un grave trastorno en la adaptación escolar y social; alteraciones del sueño y la alimentación; sentimientos de desesperanza, impotencia y desesperación; retraso en los movimientos y pensamientos o intentos ocasionales de suicidio».

La depresión oculta suele estar relacionada con un mal comportamiento. Surge cuando una persona intenta revivir o representar diversas emociones a través de actos antisociales como robar, prender fuego a cosas, consumir drogas, escaparse de casa y pegar a gente. La depresión oculta da como resultado un comportamiento antisocial porque el niño está representando de forma agresiva lo que está sintiendo secretamente en su interior.

Carol Komissaroff, madre biológica, dice en su soberbio artículo «The angry adoptee» («El adoptado airado») para *Kinquest, Inc.*: «La única diferencia entre la rabia del adoptado y cualquier otro tipo de ira es que los adoptados rara vez hablan abiertamente en casa sobre su enojo relacionado con la adopción. ¿Por qué? En primer lugar, es una mala práctica morder la mano que te da de comer. En segundo lugar, hace que los padres se sientan incómodos. Por lo tanto, lo almacenan y lo dejan salir al exterior de otras formas, algunas de ellas antisociales».

Los doctores Cytryn y McKnew alertan a los padres de los síntomas de la depresión oculta:

- Un niño que no muestre signos de verse consolado o de reanudar su vida normal al cabo de una semana de caer en un estado de desánimo (independientemente de la razón) o al cabo de seis meses de sufrir lo que para él es una pérdida grave.
- ¿Cómo se desempeña el niño en su vida cotidiana? ¿Juega tanto como siempre? ¿Sigue el ritmo en sus estudios? ¿Están sus maquetas de aviones tiradas por su habitación? ¿O las muñecas? ¿Monta en su bicicleta?
- Los cambios súbitos en los patrones de alimentación y de sueño. Puede que un niño deprimido duerma mucho y que, pese a ello, se sienta constantemente cansado. ¿Le oyes despertarse temprano y te preguntas por qué?
- Tendencias suicidas. Una amable indagación puede hacer que surja cualquier plan que haya trazado.
- ¿Se escabulle hacia su habitación cuando está en casa, pero actúa alegremente fuera del hogar?
- Se siente insatisfecho consigo mismo por prácticamente cualquier cosa… «¿Por qué no puedo montar en bicicleta mejor?».

Hay varias cosas que los padres pueden hacer si perciben la depresión:

- Evitar usar al niño como chivo expiatorio (señalarle y culparle por los problemas familiares).
- Reconocer la ira, la frustración y la depresión.
- Dedicarle al niño cantidades especiales de atención.

¿Qué desencadena la ira del adoptado?

Creo que hay dos desencadenantes principales de la rabia del adoptado: el rechazo y el miedo.

RECHAZO PERCIBIDO

Sin duda alguna, la ira se desencadena siempre que el adoptado percibe rechazo o falta de reconocimiento: siempre que hay una falta de respeto y se transmite el siguiente mensaje: «Tu valía no es de mi incumbencia en absoluto».

Los doctores Brodzinsky y Schechter, autores de *Soy adoptado,* dicen: «Los niños que creen que fueron "abandonados" o "rechazados" suelen estar enfadados con sus progenitores».

«Los odio por lo que hicieron –dice Megan, de diez años–. No les preocupé lo suficiente como para que se quedaran conmigo. Simplemente se deshicieron de mí, como si fuese fea o algo así».

«Les pegaría un puñetazo o les ahogaría si pudiera –dice Drew, de siete años–. Dan asco, no me querían y no me importa, porque simplemente dan asco».

Brodzinsky y Schechter prosiguen, diciendo que los niños que piensan que fueron «robados» o «comprados» suelen mostrarse irritados con sus padres adoptivos.

«Creo que ellos [los padres biológicos] puede que me echen de menos y que quizás me estén buscando –dice Will, de siete años–. Me perdieron cuando era pequeño [...], las personas de la adopción me apartaron de ellos y me entregaron a mamá y papá porque no tenían un bebé. Me enfada mucho que hicieran eso».

Los niños que creen que fueron dados en adopción porque pasaba algo malo con ellos suelen estar enfadados consigo mismos.

«Puede que llorara mucho, o que no comiera bien, o algo así –dice Melissa, de ocho años–. Sigo pensando que hice algo mal, como si hubiese sido culpa mía».

El segundo desencadenante de la ira por parte de los adoptados es el miedo de que sus necesidades básicas no se vean satisfechas. Te imagino diciendo: «Pero las necesidades básicas de mi hijo siempre se han visto satisfechas». Sigue leyendo y comprenderás a tu hijo un poco mejor.

El autor Charles Allen, en el *Crown's small groups financial study* explica una historia sobre el Ejército aliado reuniendo a muchos huérfanos mientras la Segunda Guerra Mundial estaba llegando a su fin. Fueron ubicados en campos de confinamiento donde fueron bien alimentados. A pesar de sus excelentes cuidados sentían miedo y dormían mal.

Al final, un psicólogo dio con una solución. A cada niño se le dio un pedazo de pan para tenerlo entre sus manos después de meterlos en la cama. Si tenía hambre, se le proporcionaba más alimento, pero cuando había acabado, este trozo concreto de pan debía, simplemente, sujetarlo entre sus manos, y no comérselo.

El pedazo de pan dio lugar a unos resultados maravillosos. Los niños se iban a dormir sabiendo que dispondrían de comida al día siguiente. Esa garantía dio a los niños un descanso nocturno reparador y sosegado.

¡Qué hermosa ilustración de la dinámica de la adopción! Los traumas psicológicos que han separado a los padres biológicos y a los niños adoptados puede que no aparezcan escritos en los libros de historia como las catastróficas guerras mundiales, pero están indeleblemente inscritos en el corazón de los implicados. Piensa, una vez más, en el trauma, al principio de su vida, por el que pasó tu hijo antes del día de su adopción. Ésta es la razón de su dificultad para aprender a confiar en que sus necesidades básicas se verán satisfechas por un cuidador fiable.

El doctor Greg Keck dice que cuando un niño se vuelve consciente por primera vez de una necesidad personal, la expresa con ira o rabia. Su expectativa es que recibirá una satisfacción: comida, caricias, contacto ocular, movimiento o cualquier otro tipo de estimulación por parte de otra persona. Si se da esta gratificación, su confianza en su cuidador aumentará. Si le ofreces cualquiera o todas las cosas enumeradas anteriormente, pero pese a ello tu hijo no parece verse consolado o conectado contigo, puede que esté experimentando su miedo arraigado de que sus necesidades básicas no se vean satisfechas.

¿Qué pueden hacer los padres?

TRANQUILIZAR A TU HIJO

Enfatízale a tu hijo la verdadera razón de la renuncia. Asegúrale que no fue dado en adopción debido a ningún defecto en él, sino debido a la incapacidad de sus padres biológicos de cuidar de él. La forma en la que considere esta renuncia es vital.

Maggie, una niña adoptada de nueve años, dijo: «Debí de ser una bebé fea. De otro modo, mi madre no me habría abandonado». Si Maggie fuese mi hija, empatizaría con sus sentimientos. «Debe de ser horrible sentirse así. Duele, ¿verdad?». El mero hecho de anular lo negativo con lo positivo («¡Oh, eso no es verdad! ¡Eres preciosa!») no hace sino negar la realidad emocional del adoptado. Debería, por supuesto, proporcionarse un *feedback* positivo genuino, pero no antes ni en lugar del reconocimiento y la empatía. Un enfoque equilibrado es la clave para sanar las heridas de tu hijo.

DALE PERMISO PARA SENTIRSE IRRITADO

Nunca olvidaré cuando estaba sentada en la consulta de mi nueva terapeuta, explicándole mi historia, cuando me contestó: «¡Sherrie, tienes derecho a estar enfadada!».

«¿Derecho a estar enfadada? –me repetí a mí misma–. Ésa es una idea novedosa».

En algún lugar de mi pasado religioso, aprendí que no era aceptable estar enojado. No podía imaginarme que Dios conoce mi ira, la acepta y que él puede gestionarlo bien.

Verbalizar lo «correcto» de estar enfadado ayudará a evitar que tu hijo reprima la ira y a que se mantenga en el camino hacia la sanación. «Oye, me gusta ese enfado –podrías decirle–. Mírate, ¡estás empezando a volver a la vida!».

ENCUENTRA A UN PROFESIONAL COMPETENTE

Creo que los niños adoptados pueden beneficiarse de la terapia para que les ayude a avanzar a través de su laberinto de retos. Sin embargo, ten mucho cuidado con a quién escoges, ya que muchos terapeutas no están preparados para lidiar con los problemas relacionados con la adopción.

El doctor Joyce Maguire Pavao, fundador y director del Center for Family Connections, Inc. (Centro para la Conexiones Familiares), en un artículo que apareció en la revista *Family Therapy News,* informaba: «No hay una verdadera formación, en las universidades, con respecto a la adopción. En los programas de asistencia social hay quizás un caso clínico. Ciertamente, no hay nada en la terapia matrimonial o familiar ni en los programas universitarios de psicología, a no ser que alguien haga de ello su tesis doctoral. Incluso entonces es difícil encontrar una facultad que comprenda los problemas y tenga experiencia en este campo. En el programa de estudios de las facultades de medicina estadounidenses sólo hay dos o tres párrafos sobre la adopción. La American Association for Marriage and Family Therapy (AAMFT) (Asociación Estadounidense de la Terapia Matrimonial y Familiar) ofrece ocasionalmente uno o dos talleres sobre la adopción en su conferencia anual; pero este asunto está infrarrepresentado en todas las conferencias profesionales sobre la salud mental».

La doctora Connie Dawson aconseja buscar profesionales locales que lleven a cabo terapia parental correctiva, terapia de relación de objeto y otras terapias que impliquen más que hablar. Un terapeuta eficaz especializado en adopciones debería estar familiarizado con ayudar a sus clientes a procesar el duelo profundo y la ira que le acompaña.

APROVECHA LAS TERAPIAS CREATIVAS

La terapia artística puede ser una válvula de escape maravillosa para que los niños expresen sus verdaderos sentimientos. Un buen recurso para los padres es el libro *See what I am saying: What children tell us through their art*, de la doctora Myra Levick (Islewest Publishing, 1998). La doctora Levick explica lo que los niños revelan en sus dibujos, cómo inspirar la creatividad y un enfoque centrado en el desarrollo para comprender los dibujos de tu hijo. También incluye un valioso listado de organizaciones que fomentan la terapia artística.

Dibujar con la mano izquierda puede ser una forma eficaz de que los adolescentes o los adultos entren en contacto con sus sentimientos. Haz que el adoptado coja el lapicero o el lápiz de cera con la mano contraria a aquélla con la que suele escribir y luego pídele que dibuje lo que está sintiendo en su interior. La falta de control y la vulnerabilidad suelen exponer sentimientos enterrados durante mucho tiempo.

Otro ejercicio que puede realizarse como familia consiste en cubrir una pared de unos 3 por 3,60 metros con papel blanco. Pide a cada miembro de la familia que haga un dibujo en la pared. Un terapeuta que usa esta técnica dice que la familia siempre acaba dibujando la dinámica familiar exacta que se está dando en ese momento. Ésta puede ser una valiosa herramienta para los terapeutas y los padres.

Ahora que has explorado la ira del adoptado y cómo se pone de manifiesto, examinemos algunas formas específicas en las que puedes ayudar a tu hijo a hacer el duelo por sus pérdidas ocultas.

7

«Necesito tu ayuda para hacer el duelo por mi pérdida. Enséñame cómo ponerme en contacto con mis sentimientos sobre mi adopción y luego reconócelos»

Ahora que sabes más cosas sobre las necesidades especiales de tu hijo y de la importancia de que haga el duelo por sus pérdidas ocultas, nos fijaremos en algunas formas prácticas en las que puedes ayudarle a hacer su duelo de forma productiva. Tu mayor reto como padre consiste, en primer lugar, en identificar la necesidad especial que ha surgido y luego ayudar a tu hijo a verbalizarla. Esto le proporcionará algún tipo de dominio y control sobre algo que parece estar fuera de su control.

Los niños disponen de un número limitado de formas de expresar su angustia interior. La mayoría de los niños de menos de once años es improbable que hablen libremente ni que se extiendan acerca de los sentimientos dolorosos. Cuando están angustiados, lo más probable es que eso se vea en su comportamiento.

Recuerdo un incidente en mi propia vida que ilustra esa angustia. No puedo recordar exactamente mi edad, quizás era alrededor de los siete u ocho años. Mis padres se habían ido al campo de golf para pasar la tarde. Como era una persona a la que le gustaba mucho complacer, decidí limpiarles la casa. Cogí la aspiradora y un bote de aerosol de cera para muebles y empecé a limpiar, una habitación tras otra.

Mientras pasaba la aspiradora, pensaba en lo buenos padres que eran y cuánto les quería. Tenía, conscientemente, pensamientos buenos, pero echando la vista atrás creo que en realidad me estaba sintiendo mal. Teniendo en cuenta que el miedo al abandono y la ira porque le dejen solo son problemas centrales para un adoptado de cualquier edad, creo que lo que hice a continuación fue mi forma de expresar esos sentimientos ocultos de angustia.

Cuando llegué a su habitación y estaba limpiando el polvo del tocador de mi madre, me fijé en su broche antiguo abierto encima de él. En un instante, el broche estaba en mi manita y estaba rayando las palabras «Te quiero, mamá» en el lado derecho del tocador y «Te quiero, papá» en el lado izquierdo. No hace falta decir que no pude esperar a que llegaran a casa para que vieran el mensaje especial que les había preparado. En ese momento pensé, de verdad, que estaba haciendo algo agradable para ellos.

Cuando llegamos, hicimos un recorrido por la casa, habitación por habitación. Alabaron con entusiasmo cómo había quedado cada habitación y lo limpia que estaba. *Por último*, llegamos a su dormitorio. Tan pronto como mi madre se dio cuenta del mensaje indeleblemente rayado en su tocador, su cara se descompuso mientras balbuceaba las palabras: «Nosotros también te queremos, cariño».

Mientras recuerdo el incidente, me doy cuenta de que, en el bienintencionado intento de mi madre por ser una madre cariñosa en medio de lo que seguro que fue un momento tenso y desconcertante, negó la realidad del acto destructivo que provoqué y no logró aplicar unas consecuencias apropiadas para mi edad. Mis padres, probablemente como muchos de vosotros, no tenían ni idea de cómo gestionar este tipo de comportamiento, lo que estaba enmascarando la expresión de mis verdaderos sentimientos. Si les hubieran enseñado cómo ayudarme a ponerme en contacto con mis sentimientos, podría haber habido una resolución y sanación por la pena y la ira enterradas con las que había estado cargando desde que me convertí en su hija.

Si, por ejemplo, hubieran podido ir «retirando las capas de la cebolla, una a una, hasta llegar al centro» con preguntas cargadas de compasión («¿Querías venir con nosotros al campo de golf? ¿En qué estabas pensando cuando nos fuimos? ¿Te sentías sola? ¿Te preocupaba que no regresásemos?»), entonces me habrían recordado su compromiso imperecedero. El miedo al abandono probablemente habría disminuido. La ira se habría visto acallada y la relación entre nosotros habría profundizado.

Una madre adoptiva me habla de una época en la que su hijo manifestaba malos comportamientos, pero debajo de ello había unos sentimientos inconscientes de pérdida y duelo. Shannon y sus hijos iban camino de una reunión una noche. Mientras salían del monovolumen y se acercaban al edificio, uno de sus hijos se detuvo en seco y gritó: «¡No voy a dar ni un paso más!».

Shannon, una astuta madre adoptiva, se dio cuenta de que pudiera ser que su hijo estuviera batallando con problemas relacionados con la adopción. Antes, ese mismo día, habían hablado de una posible reunión con su madre biológica, y el chico había expresado su ira y su miedo, de forma parecida a lo que estaba mostrando entonces. Después de hacer que sus otros retoños siguieran adelante, Shannon y su hijo retrocedieron hacia el monovolumen, donde iban a poder hablar en mayor profundidad. Ella le empezó a hacer preguntas: «¿Qué te pasa, hijo? ¿Algo va mal? ¿Puedo ayudarte de alguna manera?».

Finalmente, su hijo, con la cabeza agachada debido a la vergüenza, dijo: «Ni siquiera sé qué es lo que va mal, mamá».

Entonces Shannon le miró directamente a los ojos y le dijo: «Incluso aunque fuésemos al hospital y hablásemos con un médico, incluso *él* no sabría qué es lo que va mal. Y yo no sé qué es lo que va mal. ¿Pero sabes qué? No pasa nada porque no sepas qué es lo que va mal. En realidad, no pasa nada en absoluto».

Probablemente te estés preguntando: «Entonces, si mi hijo no puede explicarme exactamente qué está sintiendo, ¿cómo puedo ayudarle con su proceso de duelo?». La mejor forma que conozco para que un niño adoptado entre en contacto con sus pensamientos y sentimientos ocultos consiste en explicar cuentos. El escritor alemán Bruno Bettelheim escribió en una ocasión: «Hay un significado más profundo radicado en las fábulas que me contaban cuando era pequeño que en la verdad que enseña la propia vida». El niño usa la fantasía y el juego de forma natural para interpretar y expresar su realidad. Cuando le cuentas a un niño la historia de su adopción y otros relatos y fábulas adecuados que describen verdades sobre su experiencia, te encuentras con tu retoño en su propio «terreno» y tienes muchas probabilidades de sonsacar sus sentimientos y creencias ocultos acerca del hecho de ser adoptado.

Sanar a través de los relatos

Pese a que mis padres rara vez hablaban sobre la realidad de mi adopción, sí que me leyeron el relato *The chosen baby* (El bebé elegido) de Valentina P. Wasson, que era popular en la década de 1940 y que se sigue publicando en la actualidad. Muchos se oponen ahora a su uso porque creen que somete a una ligera presión al niño adoptado para ser «especial», y esto no es lo que el adoptado necesita.

Hace poco volví a leer este familiar relato de mi niñez y encontré dos elementos adicionales que resultaron perturbadores. Uno tenía que ver con la elección de los términos: (Los aspirantes a padres adoptivos) «no tenían hijos biológicos». ¿Qué sería el hijo adoptado? ¿La segunda opción, no realmente su hijo biológico?

Mi segunda preocupación llegó cuando a los padres el asistente social les dijo: «Si os encontráis con que no es exactamente *el bebé adecuado* para vosotros, decídmelo e intentaremos encontrar otro». No puedo imaginarme leyéndole eso a un niño. «¿Era yo realmente el hijo adecuado para ellos? –podría preguntarse el niño–. ¿Cambiarán alguna vez de opinión? Y si es así, ¿qué pasará conmigo?».

Pese a que el relato del niño elegido tiene sus inconvenientes, como niña lo consideré terreno abonado para desarrollar *algunas* fantasías positivas acerca de cómo fui adoptada. Verás, estaba esta hermosa pareja joven cuyos nombres eran Retha y Mike, que querían tener un bebé con todas sus ganas, pero que no podían. Por lo tanto, decidieron ir a la tienda de los bebés, donde había filas y más filas de bebés. Los había gorditos, flacos, algunos con cintas azules en su cabello, y otros con cintas rosas. Algunos tenían la cara colorada y lloraban, mientras que otros dormían angelicalmente como si apenas tuviesen ningún problema en el mundo. Retha y Mike buscaron a lo largo de los pasillos y encontraron una bebé con el cabello y los ojos oscuros.

«¡Oh, ven aquí, Mike! –gritó Retha–. ¡Creo que la hemos encontrado! ¡Creo que hemos encontrado a la bebé que habíamos estado buscando!».

Mike se acercó, me miró y dijo: «¡Oh, Retha, qué guapa es! ¿Por qué no nos la llevamos a casa y hacemos que sea nuestra hija?».

Tener una fantasía positiva acerca de la adopción como ésta consiguió dos cosas en mi joven psique. En primer lugar, me aisló del insoportable dolor que sentía en lo más profundo de mi ser debido a mi pérdida relacionada con la adopción no resuelta. Se convirtió, tal y como describe Peter F. Dodds tan elocuentemente en su autobiografía *Outer search, inner journey*, en un castillo en el que «nadie podía hacerme daño cuando estaba escondido en su interior, donde me encontraba a salvo del mundo exterior».

En segundo lugar, la fantasía me ayudó a trabajar para la resolución de mis problemas relacionados con la adopción de la forma en la que sólo puede hacerlo una niña. Lo que en un tiempo era la puerta de un castillo que evitaba que los demás entraran se convirtió en una puerta abierta, ayudándome a un nivel profundo, pero en sintonía con una niña, a lidiar con mi duelo, aunque sólo fuera en pequeña medida.

Los expertos difieren acerca de cómo explicar la adopción a los niños muy pequeños. Muchos recomiendan usar un libro de cuentos. Otros apoyan el uso de la fantasía y las fábulas. Encontré fascinante leer lo que el famoso autor Bruno Bettelheim tiene que decir sobre el papel de las fábulas en su libro *Psicoanálisis de los cuentos de hadas*. Dice: «El cuento de hadas se toma las ansiedades y los dilemas existenciales muy en serio y los aborda directamente. La necesidad de ser amado y el miedo de carecer de valor; el amor a la vida y el miedo a la muerte. El cuento de hadas aporta soluciones de formas que el niño puede captar a su nivel de comprensión».

Creo que la mejor fábula que puedes explicarle a tu hijo es una que hayas creado tú mismo. ¡Tómatelo como un reto! Puede, de hecho, ser muy divertido. Asegúrate de incluir los asuntos de la pérdida (ser olvidado), el rescate (ser encontrado) y de la redención (ser digno). Tu objetivo consistirá en ayudar a tu hijo a identificarse con el personaje principal de tu relato y a que entre en el argumento en su imaginación.

Un cuento de hadas que sea redentor para un niño de cuatro o cinco años será reconsiderado en su psique en distintos momentos de su vida. La fábula correcta puede tener un impacto profundamente sanador en los años venideros. Sin embargo, los cuentos de hadas nunca deberían suponer un sustitutivo de la historia real de la adopción de tu hijo. Los relatos inventados son, simplemente, una herramienta que puedes usar para ayudar a tu hijo a acceder a sentimientos/creencias sensibles sobre sus propias pérdidas relacionadas con la adopción.

Sintonizando con tu hijo

En los días posteriores al relato de tu fábula, sé profundamente consciente de la forma de jugar de tu hijo, ya que puede que te proporcione muchas pistas sobre cuáles son sus convicciones reales acerca de su adopción. Puede que parezca motivado a volver a contarte la verdadera historia de su adopción y a recrear la experiencia en forma de un juego. Puede que exprese sus pensamientos en momentos inesperados.

Una madre adoptiva, mientras compartía su vehículo, explica que su hija le hizo una pregunta profunda sobre su madre biológica. «Estaba girando hacia la izquierda en una intersección concurrida cuando las palabras brotaron de su boca: "¿Cómo se llamaba mi madre biológica? ¿Lo sabes?"».

«Ésas son unas buenas preguntas –contestó la madre de la forma más tranquila posible–. Hablemos sobre ello tan pronto como lleguemos a casa».

Una vez en casa, la madre le dedicó un tiempo especial a su hija y sacó los documentos de la adopción. Los nombres de los progenitores no aparecían en la hoja de información anonimizada que el estado le había dado. Sin embargo, sí que aparecían las edades y las profesiones de sus padres biológicos, y eso fue suficiente para proporcionar a la niña consuelo y seguridad.

La necesidad de escuchar la historia real de su adopción puede parecer insaciable. Puede que la historia necesite de muchos nuevos relatos para que el niño adoptado sienta un cierto grado de sentido de la propiedad personal con respecto a ella. Cada vez que la escuche, su conciencia de tu profundo amor por él aumentará porque habrá oído el mensaje «Tú eres parte de nosotros» resonar en su espíritu.

Reexplicar la historia de la adopción de tu hijo forma parte de su proceso de sanación, así que recíbelo con buenos ojos. Volverla a contar hace que surjan preguntas, permite el acceso a cuestiones dolorosas y hace que tu hijo avance un paso más a través del necesario proceso del duelo.

¿Qué pueden hacer los padres?

Además de explicar relatos de redención, puedes validar realidad de tu hijo y facilitar su duelo y su sanación de muchas otras formas.

TEN A LOS RECIÉN NACIDOS ENTRE TUS BRAZOS

El doctor Gregory C. Keck, especialista en el apego y fundador del Attachment and Bonding Center of Ohio (Centro del Apego y los Vínculos Afectivos de Ohio), dijo en un artículo que apareció en la revista *Jewel Among Jewels Adoption News:* «Si los padres adoptivos han sido educados en cuanto a los problemas relacionados con el apego y abrazasen cariñosamente a su hijo […] y simplemente no le soltasen durante su primer mes de vida, probablemente el resultado sería completamente distinto».

Vosotros, como padres, estaréis muy sensibilizados con la pérdida sufrida por el bebé y comprenderéis, de forma natural, su necesidad de ser tenido entre vuestros brazos con ternura y frecuentemente.

AMAMANTA A LOS RECIÉN NACIDOS

Otra forma de facilitar el vínculo es que la madre adoptiva amamante al bebé recién adoptado.

Jan Harris, terapeuta del apego de Columbus (Ohio), hizo exactamente esto. Decía, en un artículo que apareció en la revista *Jewel Among Jewels Adoption News:* «Decidí amamantar a mi bebé. Supe, gracias a Lact-Aid (una asociación defensora de la lactancia materna) acerca de un estudio hecho con doscientas cuarenta mujeres que amamantaron exitosamente a sus bebés adoptados. Puedes usar una bolsa que contiene leche maternizada y un pequeño tubo a la altura del pecho para alimentar a tu bebé, aunque no le amamantarás realmente con tu pecho. En el caso de mucha gente, es su propia leche la que interviene.

«Mi bebé prefiere el amamantamiento al biberón. Creo que la cercanía le ha ayudado a lidiar con su duelo y su pérdida al sentir que alguien siempre estará ahí para darle la bienvenida, sujetarla entre sus brazos, consolarla y adorarla».

USA PORTABEBÉS

Jan Harris también defiende el uso de portabebés. «Desde un buen principio, llevé a nuestra hija en un portabebés. Te puedes poner el canguro o portabebés de muchas formas distintas, pero yo lo llevé en una posición en la que la sostenía contra mi pecho, con su cabecita cerca de mi corazón, de modo que pudiera oír mis latidos y llegar a conocerme».

La doctora Connie Dawson recomienda sujetar al bebé entre tus brazos hasta que «su cuerpo se amolde» a ti.

CONSTRUYE UNA CAJA PARA EL DUELO

Una forma práctica de facilitar el duelo en el caso del niño en edad escolar consiste en hacer que construya una caja para el duelo. Puede tratarse de cualquier tipo de caja, una que sea importante, o simplemente una que compres en una tienda local. El único requisito es que sea lo suficientemente grande como para contener varios objetos. La propia caja es un simbolismo de la vida del niño. Luego pídele a tu hijo que haga una lista de las pérdidas en su vida (esto requerirá, muy probablemente, de tu ayuda). Esto le permitirá ponerse en contacto con el dolor de la pérdida, tal y como hemos comentado en la segunda tarea relacionada con el duelo.

Los ejemplos de las pérdidas en su vida pueden ser:

- Las pérdidas prenatales (la madre abusaba de las drogas/fue concebido debido a una violación, etc.).
- La pérdida de su madre biológica.

- La pérdida de su padre biológico.
- La pérdida de su historial médico.
- La pérdida de la historia de su familia biológica.
- La pérdida de un sentido de pertenencia.
- La pérdida de una narrativa vital continua.

El siguiente paso en la preparación de la caja para el duelo consiste en reunir o comprar objetos que sean simbólicos de cada pérdida. Anima al niño a reunir tantas cosas como sea posible y ofrécete a hacer lo que él sea incapaz de hacer. Por ejemplo:

- Una foto sacada de una revista que muestre a una madre y a su hijo como representación de la pérdida de su madre adoptiva.
- Una foto sacada de una revista que muestre a un padre y a su hijo como representación de la pérdida de su padre adoptivo.
- Una caja de tiritas como representación de la pérdida de su historial médico.
- Un árbol genealógico vacío como representación de la pérdida de la historia de su familia biológica.
- Una foto sacada de una revista que muestre a alguien con un semblante triste como representación de la pérdida de un sentimiento de pertenencia.
- Una cuerda rota como representación de la pérdida de una narrativa vital continua.

Cuando hayáis recopilado los objetos, pídele a tu hijo que te hable de ellos. Anímale a llevar a cabo el trabajo emocional de hacer el duelo motivándole con comentarios como: «Eso debe de doler de verdad» o «No puedo imaginarme cómo debe de sentirse alguien si…» o «Sigue adelante y saca fuera toda tu rabia».

Estate preparado para el hecho de que puede que tu hijo no quiera que trabajes sobre el proceso de duelo con él. Una madre adoptiva dijo que su hija de trece años le pidió gestionar los problemas con un terapeuta porque no quería hacer daño a su madre.

Cuando se hayan vertido todas las lágrimas y el trabajo emocional se haya llevado a cabo por el momento, el niño podrá entonces guardar la caja para el duelo en un lugar especial hasta que vuelva a necesitarse.

CREA UN LIBRO SOBRE SU VIDA

Otra forma de ayudar al adoptado a hacer su duelo consiste en animarle a crear un libro sobre su vida. Una niña adoptada tenía una foto ampliada de sí misma y luego la transformó en un puzle. En la portada del libro sobre su vida, colocó la mayoría de las piezas del rompecabezas, pero no todas, simbolizando así que seguía habiendo piezas que faltaban en su vida. Luego, línea a línea y página a página, escribió su historia en el libro sobre su vida. El niño también puede usar fotografías, dibujos, símbolos y cosas similares para explicar su historia.

ESCRIBE CARTAS

Escribir una carta a los padres biológicos puede ser otra forma de que el niño entre en contacto con la pérdida debida a la adopción. Puede que quiera escribir una serie de cartas a lo largo del tiempo y que haga, gradualmente, un libro de recortes con ellas. A continuación, tenemos algunas cartas de niños de adopciones tanto abiertas como cerradas. Creo que encontrarás interesante comparar sus perspectivas. A no ser que se especifique lo contrario, los ejemplos se han tomado de adopciones cerradas o semicerradas.

> *Querida mamá biológica:*
> *¿Por qué no te quedaste conmigo? ¿Es porque no te gustaba?*
> *Stephen (cuatro años y medio)*

> *Querida mamá biológica:*
> *¿Cómo te llamas y qué aspecto tienes?*
> *Melissa (cinco años y medio)*

> *Querida mamá biológica (adopción abierta):*
> *Deseo que hubieses podido ser mi madre, y me entristece que no pudieses, pero sé que lo que hiciste era lo mejor para mí.*
> *Con cariño,*
> *Paul (siete años)*

Querida mamá biológica:

Me gustaría saberlo todo sobre ti. Me siento muy enfadado con mi madre porque no llegué a conocerte. ¿Te pasa algo malo? ¿Es ésa la razón por la que no puedo verte? ¿Pasa algo malo conmigo?

Amy (diez años)

Querida mamá biológica (adopción abierta):

Ya no me siento triste con respecto a ti. Me gusta la ciudad de Seattle. Me gustan mi escuela, mis amigos y mi vida.

David (once años)

Querida mamá biológica (adopción abierta):

Creo que es horrible cuando los padres no les hablan a sus hijos sobre su familia biológica. No me gustan las mentiras ni los secretos. Odiaría a mis padres adoptivos si no me hubieran permitido conocerte desde el principio.

Jim (trece años)

Querida mamá biológica:

Quiero conocerte algún día. Cuando tenga dieciocho años podré hacerlo. ¿Querrás conocerme? Espero que así sea.

Laurie (trece años)

Querida mamá biológica (adopción abierta):

Hablar sobre la adopción es aburrido.

Brad (diecisiete años)

EXPÓN A TU HIJO A OTROS NIÑOS ADOPTADOS

Los adoptados necesitan escuchar sus historias los unos de los otros, ya que ésta es otra maravillosa fuente de aceptación. Existe un vínculo silencioso entre nosotros que nos hace fuertes.

Un grupo local de padres adoptivos facilita un grupo de apoyo para padres adoptivos, pero también gestiona un tiempo de juegos simultáneo y supervisado para los niños. Allí, los sentimientos de «diferencia» o de «características especiales» de los chicos se ven neutralizados, y sienten la libertad de ser sencillamente ellos mismos.

RECUÉRDALE A TU HIJO SUS FORTALEZAS

Los niños adoptados necesitan que les recuerden frecuentemente sus fortalezas, su capacidad y su valor intrínseco. Esto les permite adquirir un cierto control sobre el profundo estado de impotencia que puede surgir debido a la pérdida relacionada con la adopción.

Hay incontables oportunidades para que los padres sostengan un espejo para que el niño vea y valore sus propias fortalezas. Busca estas oportunidades.

Ahora que conoces algunas formas concretas de ayudar a tu hijo a lo largo del proceso de duelo, sigue habiendo otra creencia que puede que tu hijo no haya compartido contigo. De eso trata todo nuestro próximo capítulo.

8

«El simple hecho de que no hable de mi familia biológica no significa que no piense en ella»

Todos los niños tienen un lugar secreto en el que pueden fantasear sobre tener unos mejores padres si están desilusionados con los suyos. Freud lo llamó el romance familiar. Sin embargo, cuando el niño no adoptado conoce y acepta, más adelante, el hecho de que sus padres poseen características tanto positivas como negativas, la fantasía se disipa.

En el caso del niño adoptado no es tan sencillo. El niño adoptado *tiene*, realmente, otros padres en algún lugar. Las fantasías del adoptado empiezan cuando se le dice que es adoptado, y sus fantasías son tanto positivas como negativas.

Quizás no seas consciente de que tu hijo fantasea así, y quizás no todos los niños adoptados lo hagan, pero escucha las palabras de los doctores Brodzinsky y Schechter, especialistas en adopciones en *Soy adoptado:* «Por nuestra experiencia, todos los adoptados se implican en un proceso de búsqueda. Puede que no se trate de una búsqueda literal, pero pese a ello es una búsqueda importante. Empieza cuando el niño pregunta por primera vez: "¿Por qué sucedió? ¿Quiénes son ellos? ¿Dónde están ahora?"».

Conocí este proceso de forma bastante sorprendente un día mientras estaba cuidando de mis nietos gemelos, que tenían dos años.

Siempre que gozo del privilegio de pasar un día con ellos, suelen sacar a colación los nombres de todos sus parientes. Su mente suele dirigirse hacia aquellas personas que los quieren. «¿Papau? ¿Sheia? ¿Koa? ¿Mimi? ¿Gompa?», preguntan, como si quisieran decir: «¿Dónde están ahora? ¿Qué están haciendo?». Mis nietos no tienen problemas al fusionar las dos ramas de su familia. Para ellos, no hay grupos preferidos, sino simplemente gente que los quiere y a quienes ellos quieren.

Lo mismo pasa con un niño adoptivo. En algún lugar, en lo más profundo de su corazón, se encuentran las siguientes preguntas: «¿Dónde está mi madre biológica en este preciso instante? ¿Dónde está mi padre biológico? Me pregunto qué estarán haciendo».

Es vital recordar que no hay una mentalidad de «nosotros y ellos» en el mundo del niño adoptado. Los padres biológicos siempre han sido y serán parte de su mundo, ya sean reconocidos o no. Somos nosotros, los adultos, los que a veces erigimos muros de competitividad y posesividad al relacionarnos con nuestro hijo.

Me doy cuenta de que esta información puede resultar complicada para algunos padres en el caso de las adopciones cerradas y semicerradas. Puede que encuentres amenazador iniciar conversaciones sobre la familia biológica. Sin embargo, es esencial si quieres estar en sintonía con el mundo secreto de tu hijo.

Una definición de la fantasía

De todos modos, ¿qué es la fantasía relacionada con la adopción? Algunos sinónimos de fantasía son:

- Imaginación
- Originalidad
- Creatividad
- Apariencia
- Concepción
- Ensoñación
- Ilusión
- Sombra

- Miedo inquietante
- Pesadilla

Las fantasías relacionadas con la adopción no son malas. Son, simplemente, sueños que los niños adoptados y los adultos construyen en su corazón para aliviar el dolor de las pérdidas debidas a la adopción. Los adoptados no deben despreciarse por tenerlas, ya que sin ellas el dolor podría haber resultado demasiado grande y el peso del duelo demasiado insoportable. Las fantasías son, de muchas maneras, un regalo para los adoptados porque les ayudan a sobrevivir.

Carl Jung dijo que las fantasías son la expresión natural de la vida de lo inconsciente. Creo que las fantasías de los adoptados son una forma de lidiar con el dolor de la renuncia y de una narrativa vital rota. Si el adoptado puede rellenar las piezas que faltan con fantasía, entonces el dolor no será tan intenso.

Mis nietos tienen una manta especial que representa consuelo para ellos. La llevan consigo allá donde vayan, y si algo les molesta, la piden. La sujetan y se la pegan al cuerpo con fuerza y se sienten consolados porque es «un sustitutivo de su madre». La fantasía del adoptado es como esa manta que proporciona consuelo.

La distinguida autora Betty Jean Lifton dice en su libro *Journey of the adopted self:* «Son [las fantasías] el sustitutivo de la madre: la zona de confort que la madre no proporcionó. Cumplen el cometido de la muñeca de trapo sustituta de la madre que se da a los monos de los experimentos después de que les hayan apartado de su madre biológica».

La terapeuta Nancy Arick Harp dice que ciertas necesidades desencadenarán la fantasía, y que la fantasía concreta es probable que sea reflejo de la cultura popular. Mientras observo a mis nietos fantaseando con que son un padre que se va al trabajo, la necesidad subyacente a su fantasía sería permanecer conectados con su padre mientras él está ahí fuera en el mundo. Si un niño necesita llamar la atención, puede que fantasee con ser Spiderman. Si un niño o niña necesita sentirse empoderado, puede que fantasee con ser Superman o la Mujer Maravilla (por cierto, Superman era adoptado).

Cómo se pone de manifiesto la fantasía

Las fantasías de los niños pueden observarse mientras juegan y en muchas de las asunciones y comentarios que hacen que quizás asusten a sus padres adoptivos. Las observaciones de Watkins y Fisher en *Talking with young children about adoption give* nos aportan conocimientos:

- Un niño de tres años anticipó que tanto su madre biológica como su madre adoptiva estarían presentes en su fiesta de cumpleaños.
- Una niña de cinco años tenía la fantasía de que ella y su familia adoptiva pasarían todos los veranos con su familia biológica.
- Una niña de cuatro años hizo un dibujo de su abuelo salvadoreño, a quien nunca había conocido en la vida real, pero al que incluía en su fantasía.
- Un niño de cinco años dijo: «¿Podríamos poner una tienda de campaña en el patio trasero para mi madre biológica?».
- Una niña anuncia, en la guardería, que cuando era bebé tomó leche de su madre. Procede a describir el amamantamiento (una experiencia de la que no disfrutó) al grupo.
- Una niña repite la historia del día de su adopción, pidiéndole a su madre que haga ver que cuando está cogiendo al bebé está escogiendo a niño incorrecto. Entonces la niña corrige a su madre con entusiasmo, proclamando que ella es el bebé adecuado.

Si tuvieras que preguntarle al adoptado adulto medio si ha experimentado una vida de fantasía activa a lo largo de los años relacionada con su familia biológica perdida, puede que te diga que no. Sin embargo, si se le proporcionasen ejemplos sobre cómo suele ponerse de manifiesto esta fantasía, es probable que se identificase con ella. A continuación, tenemos un listado de algunas de las manifestaciones más comunes.

BUSCAR UN ROSTRO FAMILIAR

Un adoptado suele buscar un rostro parecido al suyo entre la multitud. Cree, subconscientemente que, si simplemente pudiese ver la cara del ser querido al que ha perdido, el dolor desaparecería por arte de magia, que las repercusiones a lo largo de toda la vida se evaporarían y que el dolor se resolvería. Un adolescente adoptado que visite la casa de alguien puede que se dé cuenta de la foto de un familiar que se parece a él y que entonces se pregunte si podría tratarse de su madre biológica.

Un adulto que fue adoptado dijo: «Simplemente espero poder ponerle una cara con la imagen que tengo mi mente». Otro dijo: «Disfruto mucho cuando veo a alguien que se parece a mí».

Recientemente, mientras viajaba en avión, un distinguido anciano se sentó a mi lado. Mi primer pensamiento consciente fue: «Me pregunto si él podría ser mi padre biológico». La adoptada Amy van der Vliet escribió este poema sobre el rostro perdido:

> *La hoja informativa sin datos identificativos me dice,*
> *mientras la examino por millonésima vez buscando las respues-*
> > *tas a mis preguntas,*
> *que la lectura, el golf y el esquí acuático eran sus aficiones.*
> *Qué irónico, ya que también son las mías.*
> *¿No sería maravilloso compartir simplemente una*
> *tarde soleada frente al lago*
> *con mi caballero con su armadura reluciente,*
> *y la mujer cuyo rostro busco entre cada multitud?*

DESEAR QUE LE ACUNEN ENTRE LOS BRAZOS

Cuando los adultos de nuestro grupo de apoyo que fueron adoptados le ponen palabras a su fantasía más profunda, ésta consiste en que su madre biológica los acune entre sus brazos. Esto era especialmente así entre los hombres adoptados. Uno dijo: «No puedo ni imaginarme lo maravilloso que sería eso».

SOÑAR CON LA FAMILIA PERFECTA

Andrew Chilstrom, un estudiante universitario de primer año, escribió este poema sobre la familia perfecta justo antes de su muerte prematura:

> Hogar
> *Quiero una pequeña casa con una cerca de madera blanca*
> *y una verja que necesite que la lubriquen.*

Quiero un gran patio y una hamaca en la sombra,
y un perro que persiga mariposas.
Quiero una esposa cariñosa con una sonrisa dulce
y un delantal que ponga «Mamá».
Pero por encima de todo, quiero que tú, Dios,
estés ahí en mi casa
cuidando de mi mujer, mis hijos,
mi hamaca en la sombra,
y mi perro que persigue mariposas.

(ANDREW, YOU DIED TOO SOON,
de CORINNE CHILSTROM)

Los adultos que fueron adoptados, reflexionando sobre sus fantasías de la niñez, dijeron:

- Siempre me gustaban los programas de televisión orientados a la familia ideal. De hecho, me obsesioné con ellos.
- Estaba buscando unos padres cariñosos y que se preocupasen que me había inventado en mi mente.
- Fantaseaba sobre mi madre biológica. Ella vivía en una casa de ladrillo, pero no tenía rostro.

Una fantasía sana puede tener una función útil permitiendo que el adoptado haga frente a su miedo primario temporalmente. En este sentido, la fantasía puede ser un mecanismo de defensa útil para una psique frágil. Sin embargo, la fantasía puede volverse patológica y destructiva si provoca que el adoptado se aísle y evite resolver sus problemas más importantes relacionados con la pérdida y el duelo. Cuando los adoptados fantasean con lo que nunca podrá ser, es probable que muestren algunas de las actitudes y comportamientos que describimos a continuación.

BUSCAR FIGURAS SUSTITUTIVAS DE LOS PADRES

En retrospectiva, puedo ver claramente mis fantasías como niña adoptada. Muchas de las mías se centraban en mi madre adoptiva: lamentablemente, siempre estaba buscando a alguien que ocupase su lugar.

No es que ella no lo estuviese haciendo lo mejor posible para ser una buena madre: es que yo la consideraba de una forma de la que no era consciente. Gracias a que he estudiado las dinámicas de la adopción, he llegado a comprender cuál era el problema.

Nancy Verrier explica en *El niño adoptado: comprender la herida primaria:* «Tal y como se ha mostrado en la relación frecuentemente tumultuosa entre el adoptado y la madre adoptiva, las mujeres suelen ser consideradas abandonadoras».

Verrier prosigue para explicar una conversación que mantuvo con Betty Jean Lifton, que dijo: «La dificultad para establecer vínculos con la madre adoptiva no consiste tanto en un asunto de confianza, sino en un asunto de lealtad hacia la madre biológica».

Creo que el conocimiento sobre las dinámicas de la adopción descritas anteriormente es esencial para todo padre adoptivo, ya que cuando veas que están sucediendo no te quedarás sorprendido, sabrás que el niño está batallando contigo y podrás tender lazos con él de una forma eficaz sin personalizar su comportamiento como si se tratase de un rechazo.

Cuando era una adolescente, me vi atraída por las madres de otras personas en busca de comprensión y orientación. Y entonces, mientras crecía para entrar en la edad adulta, escogí a mentoras mujeres, sin darme cuenta en esa época de que estaba buscando a la madre que había perdido cuando nací. No podía imaginar que cualquier sustitutivo de una pérdida permanente es fantasía.

También fantaseé acerca de mi padre biológico. Le imaginaba como un caballero con una armadura reluciente. Esto se transfirió a los hombres importantes en mi vida. Cuando conocí a mi esposo le idealicé creyendo que no podía cometer errores y que satisfaría todas mis necesidades. No hace falta decir que ambas fantasías sobre mi madre y mi padre biológicos interfirieron enormemente con mi salud emocional y relacional.

IDEALIZAR A LA GENTE

No sólo busqué a mentoras, sino que las idealicé. Las situé en altos pedestales y tuve unas expectativas con respecto a ellas que ningún ser humano podría haber satisfecho nunca.

Robert Andersen (médico), en su autobiografía titulada *Second choice: Growing up adopted,* escribe: «He tenido dificultades para bajar de las nubes a mi madre biológica. La he querido y odiado, pero siempre ha vivido por encima de las nubes».

Si los adoptados siguen idealizando a la gente, no aprenderán que papá, mamá y toda la gente distan mucho de ser perfectos. Darse cuenta de que ni los padres biológicos ni los adoptivos son perfectos y aceptarlos como seres humanos forma parte del proceso de maduración hacia la edad adulta. Los adoptados se quedarían atascados en la niñez si no superasen este hito.

UN ESPÍRITU CRÍTICO

Tarde o temprano, la gente a la que puse en pedestales acabó cayendo, y quedé profundamente decepcionada. Siempre que alguien caía, me volvía muy crítica. Nadie, incluyéndome a mí misma, podía vivir a la altura de las expectativas que yo marcaba. Al final, este patrón se trasladó a la mayoría de las relaciones en mi vida.

Un hombre adoptado con un matrimonio fracasado confesó que éste fue uno de los factores que contribuyeron a su divorcio.

UNAS ALTAS EXPECTATIVAS DE SÍ MISMO

Muchos adoptados se ponen unas expectativas demasiado altas porque creen, subconscientemente, que son o tienen que ser «especiales».

El presentador de la Fox-TV y escritor de superventas Tim Green habla, en *A man and his mother: An ADOPTED son's search,* de sí mismo cuando iba al jardín de infancia: «Sólo hizo falta un boletín de calificaciones para darse cuenta de la magnitud de esos maravillosos cuadros de letras y palabras. Átate los zapatos y sacas un sobresaliente. Muestra buenas maneras y obtienes otro sobresaliente. Muestra consideración por tus compañeros de clase y ¡bingo! Si llenabas esa cosa de sobresalientes los profesores decían que eras un buen chico. Los ojos de tus padres brillaban. Tus abuelos te arrullaban, tus tíos y tus tías fruncían los labios e inclinaban la cabeza a modo de aprobación».

Green prosigue, explicando que él pagó un precio por conducirse de esta forma. Dice: «Con sólo ocho años me vi atormentado por pesadillas angustiantes e insomnio, que son el tipo de trastornos más comúnmente asociados a los adultos perturbados».

MIEDO A LAS FIGURAS DE AUTORIDAD

El miedo a la gente con roles de autoridad puede ser la reacción subconsciente del adoptado con respecto a las expectativas de sus padres adoptivos: puede que los padres adoptivos quieran que fuera alguien distinto a quien es. El adoptado puede que tema que no podrá estar a la altura de sus expectativas.

Un adulto que fue adoptado de nuestro grupo de apoyo dijo: «Como fui adoptado, no creo que nunca hubiera podido vivir para cumplir las expectativas que mis padres adoptivos querían».

Frecuentemente, sin ser consciente de ello, los padres adoptivos tienen una agenda subconsciente acerca de cómo querrían que se desplegara la vida de su hijo. «Probablemente será profesora, como yo» o «¿A qué universidad te gustaría ir?» (cuando el niño no ha expresado ningún interés por ir a la universidad).

IMÁGENES NEGATIVAS

En el extremo opuesto a la idealización tenemos las fantasías negativas, que a veces son horripilantes. En lugar de que la madre biológica sea una hermosa princesa, el adoptado puede imaginarla como una vagabunda o una malvada bruja.

Es importante que los padres adoptivos disciernan qué tipo de fantasía tiene el adoptado con respecto a sus progenitores, de modo que unos pensamientos honestos, cariñosos y sanadores puedan llenar el hueco en el que reina la fantasía.

¿Qué pueden hacer los padres?

Ahora que hemos aprendido los pormenores de la fantasía, hablemos sobre lo que puedes hacer para ayudar a tu hijo a avanzar más allá de la fantasía hacia la plenitud y la madurez.

ESTATE ATENTO A LAS ENSOÑACIONES DE TU HIJO

Sé consciente de las ocasiones en las que tu hijo parece distante desde el punto de vista emocional, como si estuviese en otro mundo. Aprende a interpretar su lenguaje corporal. Cuando se muestre introvertido o parezca «haberse ido a otro sitio», pregúntale amablemente en qué está pensando. Quizás podáis salir a una «cita» especial juntos de modo que pueda explicártelo todo. Sigue haciendo que se implique en una conversación.

HAZ PREGUNTAS INQUISITIVAS

Siempre que pases tiempo a solas con tu hijo, aprovecha la oportunidad para hacerle preguntas inquisitivas, como, por ejemplo: «Si pudieras preguntarme algo, ¿qué sería?».

Ésta también es una gran pregunta para los médicos clínicos. Lee habla sobre una época en la que, después de ocho años de terapia, su terapeuta le hizo esta pregunta. Supo, de inmediato, cuál sería su respuesta, pero dudó. Al final reunió el valor para decirle: «Que me sostengas entre tus brazos».

Cuando la terapeuta le contestó que se trataba de una petición razonable, Lee empezó a llorar incontrolablemente. Había transferido su fantasía más profunda relativa a su madre a la terapeuta y recibió consuelo y cuidados. El resultado final fue la relajación total de su cuerpo. Lee pudo escuchar el latido de su corazón. Pudo recibir unas caricias «seguras». No hace falta decir que eso aportó mucha sanación.

Aquí, la implicación para los padres es que podéis, ciertamente, ir a ese lugar de fantasía con vuestro hijo y satisfacer la legítima necesidad subyacente a la fantasía. Agachaos y sentaos en el suelo e implicaos en el juego. Usad piezas de LEGO para construir una ciudad con vuestro hijo que contenga personas de juguete. Observad cómo juega y cómo verbaliza a los personajes de su fantasía. «Aquí tenemos al abuelo Grundy», podría decir el niño. «Va a visitar al bebé Boons». Entonces podrías preguntarle: «¿Qué van a hacer juntos el abuelo y Boons? ¿Qué crees que quiere hacer el bebé Boons?». Y lo mismo sucede mientras tu hijo te conduce por su vida de fantasía.

He aprendido mucho sobre la crianza eficiente de los hijos observando a mi hija criar a sus hijos gemelos. Siempre se agacha y se sienta en el suelo con ellos (para estar a su misma altura) y entonces usa su imaginación para entrar en su mundo. Mientras mueve el volquete, sopla con sus labios imitando el ruido de un motor en movimiento. Cuando dicen «Volveré» cuando hacen ver que salen de casa, ella les pregunta a dónde van. Implicando a sus hijos a su mismo nivel y haciéndoles preguntas, recopila información importante sobre lo que está sucediendo en su cabeza y su corazón.

Ahora que eres más consciente de la vida de fantasía en el interior de tu hijo adoptado y sus pensamientos secretos sobre su familia biológica, es importante que aprendas a tomar la iniciativa para iniciar conversaciones concretas sobre su familia biológica. De eso es de lo que hablaremos a continuación.

9

«Quiero que seas tú el que tome la iniciativa para iniciar conversaciones sobre mi familia biológica»

Imagina a una tortuga, como las que ves en el zoo. Con una concha enorme y áspera a modo de casa y una cabeza que apenas ve toda la luz del día, da, caminando como un pato, algunos pasos para acercarse más a su destino deseado.

Con todo respeto, muchos de nosotros, los adoptados, nos parecemos mucho a la tortuga. Nuestras cabezas emergen sólo ocasionalmente para ver si está bien que nos afirmemos, que hagamos preguntas y que expresemos sentimientos sobre nuestro pasado. «¿Está bien que pregunte, en el hospital en el que nací, para obtener mi historial médico? ¿Está bien que pida información anonimizada sobre mi padre y mi madre biológicos? ¿Está bien decir que siento curiosidad por ellos y que quizás me gustaría conocerlos algún día? ¿Está bien que me sienta enfadado con la decisión de mi madre biológica de abandonarme? ¿Está bien que busque a mi familia biológica? ¿Está bien que busque a otros familiares biológicos si mi madre biológica me rechaza en nuestro reencuentro?».

Éstas son algunas de las preguntas que obsesionan a muchos adoptados. Recuerda la historia que aparecía en el capítulo 1 sobre el adoptado joven que, después de escuchar a su madre hacer un comentario informal sobre su madre biológica, preguntó tímidamente: «¿Está bien que hablemos de *eso*?». ¡Ése es un buen ejemplo de un comentario de tipo tortuga! A pesar de todas las ventajas de las que gozaba este joven adoptado, su vacilación y su miedo seguían presentes.

«¿Por qué es así?», puede que te estés preguntando. ¿Por qué es tan difícil para la mayoría de los adoptados creer que es permisible hablar sobre su familia biológica? ¿Por qué se contienen, helados de miedo, curiosos pero ambivalentes al mismo tiempo, con respecto a saber más cosas?

Creo que la principal razón por la cual muchos adoptados se contienen es porque se perciben a sí mismos como víctimas, incapaces de reivindicarse eficazmente.

Piensa en estos comentarios y comportamientos extraídos del libro *Talking with young children about adoption,* de las doctoras Susan Fisher y Mary Watkins:

- Una niña de tres años finge que está cuidando de un lechón. Hace que su madre adoptiva le pregunte a la cerda madre si el lechón puede vivir en su casa. La cerda madre le dice que sí. Cuando se encuentra en la casa imaginaria de su madre adoptiva, la criatura se ve «estrujada» por la madre adoptiva. La criatura regresa al lado de la cerda madre, que le protege.
- Una niña de seis años pregunta: «¿Qué dijo [la madre biológica] cuando me vio? ¿Me besó? Sólo vosotros deberíais haberme besado, ya que sois mis padres».

Es importante que los padres sean conscientes de la tendencia inconsciente del adoptado hacia su mentalidad de víctima y también de su necesidad de compasión, ya que el niño adoptado fue, literalmente, una víctima.

Nancy Verrier dice, en *El niño adoptado: comprender la herida primaria:* «El sentimiento de ser una víctima no es sólo una fantasía, sino una realidad. Ser abandonado suele dejarle a uno con un sentimiento permanente de estar a merced de otros».

Comprender la mentalidad de una víctima

Hay tres aspectos en la mentalidad de una víctima: inocencia, indefensión e impotencia. Son evidentes en las percepciones del adoptado tras su nacimiento y en adelante, antes de que se haya dado la sanación.

INOCENCIA

No fue culpa del adoptado que su madre biológica se quedara embarazada. No fue su culpa que su madre biológica, por la razón que fuera, no pudiera cuidar de él. El niño no merecía perder una familia en el momento de su nacimiento. Era la parte inocente en todo esto.

Sin embargo, a pesar de su inocencia, muchos adoptados llevan una falsa carga de culpabilidad, de forma muy parecida a los hijos de una pareja divorciada. Puede que se pregunten, en silencio:

- ¿Hice algo para que mi otra madre se enfadara conmigo y me abandonara?
- Creo que yo no le gustaba a ella (la madre biológica).
- ¿Pasaba algo malo con mi padre biológico?

INDEFENSIÓN

El adoptado estaba indefenso cuando renunciaron a él. No tenía forma alguna de protegerse de posteriores heridas. Puede que reviva esos sentimientos de indefensión a través del juego desde una edad temprana. Fisher y Watkins, en *Talking with young children about adoption*, hacen las siguientes observaciones:

- Un niño de tres años representa que alguien intenta quitarle un gatito a su madre y que la madre protesta.
- Una niña pequeña interpreta una escena en la que una mujer malvada le roba el hijo a una buena madre. Hace que la niña le diga a la mujer malvada, que desempeña el papel de su madre: «Si no hubiese sido por ti, estaría con mi verdadera madre». La niña entonces le hace una confidencia a su madre adoptiva: «Sí, si no hubiera sido por ti, todavía seguiría con ella. Tú viniste y te me llevaste».

- Un niño pregunta: «¿Dónde está mi verdadero padre? ¿Por qué no sabes dónde está? No quiero que me encuentre, que se me lleve, me secuestraría».

IMPOTENCIA

Pese a que probablemente hubo gente ahí para cuidar de tu hijo cuando nació, y pese a que quizás estuvieras en la sala de partos para darle la bienvenida, su transferencia por parte de su madre biológica a tus brazos fue traumática para él en cierto grado.

Para hacerte alguna idea de la impotencia que puede sentir tu hijo, imagínate cogiendo un avión para volar a un maravilloso destino lejano. Cuando finalmente llegas, tu nivel de emoción es el más alto que has sentido nunca. ¡Qué fenomenal va a ser! A medida que pasan los días, todo es maravilloso…, todos y cada uno de los aspectos. La comida, los hoteles, las polvorientas carreteras secundarias.

Pero en medio de todo ello, hay algo que te está retorciendo las entrañas. En realidad, no puedes describirlo y lo único que puedes decir es que las mismísimas cosas que son tan maravillosas te están provocando una peculiar sensación de impotencia en tu interior. Todo a tu alrededor es muy diferente: la gente, la comida, el idioma. Tu cuerpo está empezando a sentir los efectos del *jet lag*. La gente habla otra lengua. Te esfuerzas por conectar… para hablar con los autóctonos y leer los menús, pero eres incapaz. Lo que es tan maravilloso te está provocando sentimientos de impotencia.

Esta sensación subconsciente de impotencia puede proseguir para muchos adoptados a lo largo de toda su vida.

Soy consciente del hecho de que cuesta bastante digerir estas palabras, pero si quieres estar en sintonía con las necesidades no expresadas de tu hijo de hablar sobre su familia biológica, entonces debes ser consciente de algunos de los pensamientos complejos e incluso amedrentadores que puede que mantenga ocultos.

Verás, hay una mezcla de sentimientos acerca de la madre biológica en el corazón de tu hijo adoptado. Fantasía. Ira. Victimización. Amor. Tú puedes ser un recurso potente para ayudarle a identificar y procesar estos sentimientos conflictivos; o puedes ser un importante obstáculo. Lo que determina tu papel como facilitador o como obstáculo son tu voluntad y habilidad para involucrar a tu hijo en una conversación productiva sobre su familia biológica y sus sentimientos complejos con respecto a ella. Echemos un vistazo a cómo puedes equiparte para esta crucial tarea.

Preparándose para hablar

¿Qué acude a tu mente cuando piensas en iniciar una conversación con tu hijo sobre su familia biológica? ¿Te sientes a la defensiva, como si la familia biológica fuese el enemigo a evitar a cualquier precio? ¿Te sientes triste y tu labio empieza a temblar al pensar en su posible presencia en la vida de tu hijo? ¿Temes que tu hijo la quiera más que a ti?

Si es así, esta sección está escrita especialmente para ti. Los niños son expertos interpretando el lenguaje corporal. No puedes engañarlos. Si estás molesto por alguna cosa e intentas ocultarlo, ellos lo percibirán.

Para conversar con tu hijo de forma productiva sobre los asuntos más cercanos a su corazón, primero debes desarrollar una actitud sana sobre el impacto de la adopción sobre el sistema familiar. El sociólogo y escritor H. David Kirk, sugiere en *Shared fate* cinco actitudes comunes que los padres adoptivos tienden a sostener sobre cómo la adopción tiene un impacto en la familia:

1. Insistencia: Todos los problemas se deben a la adopción. Hay un gran énfasis entre los hijos biológicos y los adoptados: la «mala semilla».
2. Suposición: Los padres tienen una visión romántica de la adopción y esperan que el adoptado tenga *sólo* sentimientos positivos sobre la adopción.
3. Reconocimiento: La adopción se considera *uno* de los factores en los problemas familiares. Los miembros de la familia tienen sensibilidades especiales sobre la adopción.
4. Rechazo: Los padres admiten: «Sí, hay una diferencia, pero...» (quieren olvidarlo). Olvidan que el niño siente la diferencia y que necesita permiso para verbalizar sus sentimientos.

5. Negación: Los padres no les han hablado a sus hijos sobre la adopción. Existe un gran secreto en la familia.

Por supuesto, el *reconocimiento* es la actitud más sana. No podemos culpar a la adopción de todos los problemas en la familia, pero es importante ayudar al adoptado a ver qué papel desempeña la adopción en el entramado de su vida.

Hay ciertas cosas que puedes hacer para prepararte para involucrar a tu hijo en una conversación productiva sobre su familia biológica.

ENFRÉNTATE A TU MAYOR MIEDO

Lo primero que debes hacer, como padre adoptivo, es enfrentarte a tu mayor miedo, que es verte rechazado por tu hijo. Puedes imaginarte a tu hijo reuniéndose con sus progenitores algún día y que luego no quiera tener nada más que ver contigo. Si es así, regresarías a ese solitario lugar de infertilidad una vez más.

Lo cierto es que lo que es probable que suceda en esa reunión es justo lo contrario de lo que temes (hablaremos de esto en detalle en el último capítulo del libro). Sin embargo, puede que te veas inundado por un torrente de emociones que nunca sabías que existiesen. Celos y envidia. Ira… incluso rabia. Un sentimiento de traición por parte de la persona más cercana a tu corazón a lo largo de los años.

El empático oído de un amigo, profesional o terapeuta, o de un grupo de apoyo relacionado con la adopción, puede ayudarte a superar estos duros momentos. Debería ser alguien que ya se haya enfrentado y haya resuelto su propio dolor y no tema el tuyo. Cuando hayas llegado al otro lado, podrás estar en verdadera sintonía emocional con tu hijo.

DA PERMISO PARA UN DIÁLOGO ABIERTO

Los padres deben recordar que los adoptados necesitan disponer de permiso repetidamente para hablar de su familia biológica. Es como si su «botón del permiso» estuviera roto. Tus palabras pueden entrarle por un oído y salirle por el otro.

Kathy Giles, madre adoptiva, cree que esta concesión de permiso es una señal para el adoptado de que no hay nada malo en su multitud de preguntas y sentimientos. Dice: «Creo que los adoptados sienten "lo correcto" de querer saber sobre sus padres biológicos a partir de sus padres adoptivos. Los padres deben indicar que lo comprenden, empatizan y que, de hecho, ayudarán a hacer que sea posible que el niño se reúna con sus padres biológicos. A los padres adoptivos les digo que no se engañen diciendo: "Yo no querría saber". En lugar de ello, preguntad: "Qué quiere/querrá y necesitará mi hijo?"».

FOMENTA UN ESPÍRITU NO COMPETITIVO

El tercer prerrequisito es que haya un espíritu no competitivo entre los padres adoptivos y los biológicos. Ésta puede que sea la tarea más difícil para los padres adoptivos, ya que deben aceptar sin reservas que no son los *únicos* padres de su hijo.

Sé que estas palabras son dolorosas. Muchos padres adoptivos desearían una tabla rasa, un nuevo comienzo. Sin embargo, tu hijo tiene dos conjuntos de padres: los biológicos y los adoptivos. Esta es *su* realidad, tanto si decides aceptarla y reconocerla como si no. Hay un lugar especial en el corazón del adoptado reservado exclusivamente a su madre y su padre biológicos. Si los padres adoptivos intentan interpretar ambos papeles, puede que el adoptado erija una alta barrera de resentimiento para mantener vivos las fantasías y pensamientos sobre ellos.

Permite que tu hijo también sepa lo que piensas sobre sus padres biológicos. Esto le hará salir de su mundo de fantasía al mundo real: él tiene unos padres biológicos, y tú reconoces ese hecho. Permite que la familia biológica, si así lo desea, envíe regalos al niño, y mantenla informada sobre los progresos del chico.

TEN CONFIANZA EN TU PAPEL

Una de las cosas más importantes que podéis hacer por vuestro hijo como padres adoptivos es sentiros cómodos y no a la defensiva cuando él hable de su familia biológica. Tu hijo necesita una confianza estable que emane de ti cuando surja el tema de su familia biológica.

Entra en tu papel con confianza, sabiendo que ostentas un puesto y una influencia únicos y vitales en la vida de tu hijo. No, tú no le pariste. No compartís la misma sangre. Sin embargo, le estás dando algo que nadie más puede darle. Tú eres un regalo para tu hijo, al igual que él es un regalo para ti.

Expresé mi gratitud a mis padres adoptivos en una carta que imaginé que Dios les escribía a ellos.

Queridos Retha y Mike,

Uno de mis hijos necesita un hogar: una madre y un padre que le quieran y satisfaga sus necesidades.

Sé lo mucho que queríais tener hijos. Sé las lágrimas que habéis vertido y la angustia que habéis experimentado, pero la única forma en la que podía buscarle un hueco a esta criatura en vuestro hogar era mediante la puerta abierta de vuestra infertilidad.

Os la presto un tiempo para que cuidéis de ella. Hacedlo lo mejor que sepáis, ya que ella es muy querida por mí.

Algún día, cuando os hayáis ido, yo seré su madre y su padre. Aprenderá confiar en mí y dependerá de mí, tal y como dependió de vosotros.

Gracias por estar dispuestos a querer a mi hija y darle un hogar en la Tierra.

Con cariño,
Dios

Fisher y Watkins describen cómo un niño de cuatro años verbaliza sus sentimientos sobre sus dos conjuntos de padres: Le dijo a un amigo: «La forma en la que veo la adopción es la siguiente. Alguien tiene al bebé, pero no puede quedarse con él y se va. "¡Bua, bua, bua! Adiós, bebé", y alguien que no puede tener un bebé en su vientre dice: "¡Qué bien, qué bien!… ¡Hola, bebé!"».

Te retaría a que ayudes a tu hijo a dar con una forma de que exprese sus sentimientos tanto por sus padres biológicos como por los adoptivos. Quizás podría pintar un dibujo o escribir un poema; o podría redactar una obra de teatro sobre la adopción y luego interpretarla para ti. Si tiene acceso a una fotografía de sus padres biológicos, plantéate comprarle un marco de fotos para dos fotografías: una de la familia adoptiva y otra de la familia biológica. Anima a tu hijo a implicarse en uno de estos dos proyectos y reserva un tiempo especial para que pueda compartirlo contigo.

En el caso de las adopciones abiertas, los padres biológicos son amablemente invitados por los adoptivos para compartir este papel educativo. Así pues, la base de apoyo y de amor para el niño se ve multiplicada por dos. Esto es ideal. Kathy Giles, una madre adoptiva que estaba experimentando una adopción abierta dijo: «Como su madre, ¿por qué querría apartar las "cosas buenas" de su vida? ¿Por qué querría "protegerle" de la gente que planeó desinteresadamente una vida para él en otra familia y renunció al derecho de criarle? ¡Yo no querría hacer eso! ¿Quién, entre nosotros, dice: "Lo siento, no necesito a más gente en mi vida que me quiera", o "Aquí no necesitamos más amor"?

»Además, aplica la regla de oro. Si yo fuera el adoptado, ¿cómo me sentiría? ¿Querría conocer a mi padre y mi madre biológicos? ¿Querría saber a quién me parezco? ¿Querría saber de dónde surgieron mis talentos, dones e inclinaciones? ¿Querría saber por qué me abandonaron? ¿Querría comprender que la renuncia a la "patria potestad" no supuso la renuncia al amor, la preocupación y el interés? ¡SÍ! Todo eso sería importante para mí si yo fuera el niño adoptado».

¿Qué pueden hacer los padres?

Cuando comprendas los miedos y la ambivalencia que puede que sienta tu hijo cuando se trata de hablar de su familia biológica, serás mucho más eficaz para sacarle sus pensamientos ocultos en momentos estratégicos. Creo que las conversaciones sobre la familia biológica deberían iniciarse en momentos placenteros y de celebración y en momentos de estrés o vulnerabilidad.

Entre los momentos positivos para la iniciación podemos incluir los siguientes:

- El cumpleaños del niño: «Me pregunto si tu madre/padre biológicos están pensando en ti ahora».
- El Día de la Madre/el Día del Padre: «Me pregunto lo que estarán haciendo tu madre/padre biológicos hoy».
- Oraciones antes de irse a dormir: «Recordemos a tu familia biológica en nuestras plegarias».

- Los logros del niño: «Tus padres biológicos estarían tan orgullosos de ti como lo estamos nosotros».
- Rasgos físicos: «Me pregunto si tu madre biológica tiene el cabello rizado como tú».
- Espontáneamente. Siempre que de tu corazón brote gratitud para con la familia biológica: «¡Estoy tan contento de que te entregaran a nosotros!».

Las conversaciones sobre la familia biológica también pueden iniciarse durante momentos de vulnerabilidad como los siguientes:

- Revisión médica: «Debe ser duro no conocer todos tus antecedentes médicos familiares».
- Al irse de casa para iniciar los estudios universitarios: «Apuesto a que los problemas relacionados con tu adopción hacen que las despedidas sean especialmente difíciles».
- Después de un episodio de mal comportamiento: «¿Has pensado en tu familia biológica últimamente?».
- Tareas escolares sobre el árbol genealógico (el árbol genealógico de la familia adoptiva es muy complejo y no se adaptará a la configuración usual). Podrías decirle a tu hijo: «Con tu permiso y aprobación, iré a hablar con tu profesor y le preguntaré si puedes (o podemos) hacer un árbol genealógico especial que incluya a ambas ramas de tu familia».
- Después de que un compañero se haya burlado del niño porque es adoptado. «Sé que es duro que te señalen debido a tu adopción, pero recuerda que te queremos y que tu familia biológica también te quiere».

Parte de la razón de que tu hijo quiera que tomes la iniciativa para iniciar conversaciones sobre su familia biológica es que tiene la necesidad de saber la verdad sobre su concepción, su nacimiento y la historia de su familia, independientemente de lo dolorosos que puedan ser los detalles. El siguiente capítulo te preparará para el reto de compartir toda la verdad de una forma sanadora.

10

«Necesito conocer la verdad sobre mi concepción y nacimiento y la historia de mi familia, independientemente de lo dolorosos que puedan resultar los detalles»

La doctora Betty Jean Lifton, autora de *Lost and found: The adoption experience,* describe la creciente conciencia del adoptado sobre su deseo de saber más sobre su familia biológica como un despertar: «El acto de la adopción nos deja bajo un hechizo que adormece nuestra consciencia. Cuando nos despertamos, nos asusta darnos cuenta de que puede que nos hayamos perdido la vida durmiendo, flotando y desarraigados… El adoptado se despierta cuando se da cuenta de que no conocer [a quién le dio la vida] sería como vivir una vida sin sentido. La curiosidad siempre ha estado ahí esperando a ser liberada».

Los despertares se dan en distintos momentos para los adoptados, a veces y en cierto grado durante la niñez, y frecuentemente y en un mayor grado a medida que el adoptado crece. Mi mayor despertar se dio en mi mediana edad, cuando me apunté a un curso de escritura en la universidad y me encargaron que tomara algunos datos, los entrelazara con información histórica y crease un relato. Cómo sólo conozco algunos datos sobre mi familia biológica, la escogí como mi tema.

Recuerdo estar sentada en la biblioteca durante horas, con mi cabeza enterrada en el cubículo de estudio, leyendo atentamente libros desgastados y mohosos que describían las casas de maternidad en la década de 1940. Aprendí sobre el horrible estigma y la vergüenza que la sociedad imponía a las mujeres que sufrían embarazos no deseados. Aprendí sobre la vulnerabilidad de las mujeres casadas cuyos maridos estaban en la guerra. Pensamientos oscuros revoloteaban en mi interior y mi corazón empezó a llorar por la madre biológica a la que nunca había conocido.

Para muchos adoptados, la necesidad de encontrar a su familia biológica se convierte en algo que ocupa toda su atención, y se inicia una búsqueda propiamente dicha. Yo me volví implacable en mi búsqueda de más información. Entrevisté a enfermeras mayores y averigüé qué métodos usaban durante los partos. «¿Cómo fue mi nacimiento para mi madre?... ¿Y para mí?». «¿Hubo alguien al lado de mi madre biológica?». «¿Llegó a verme o a sostenerme entre sus brazos?».

Pensé, por primera vez, en el insoportable dolor por tener que renunciar a su hija, abandonar el hospital con las manos vacías y seguir con su vida como si nada hubiera pasado. Ansiaba explicarle a mi madre biológica que había hecho lo correcto. Quería hacerle saber que yo estaba bien.

Poco a poco, mi familia biológica estaba cobrando vida en mi psique. Finalmente, me di cuenta de lo que había estado buscando durante toda mi vida: una conexión con mi familia «real» (mi verdadero yo) antes de ser adoptada, y toda la verdad sobre mi pasado me permitiría vivir mi presente de forma más honesta y plena.

Volver a pasar por el hogar

Como padre, puede que te estés preguntando: «¿Por qué es tan importante que nuestro hijo adoptivo conozca la verdad sobre sus orígenes? ¿Qué bien le hará eso? ¿Por qué hacerle pasar por eso?».

La escritora Carlye Marney, en *Achieving family togetherness,* sugirió en una ocasión que hay por lo menos ocho mil generaciones tras cualquiera de nosotros, y que seremos incapaces de bendecirnos a nosotros mismos o de bendecir a los demás hasta que antes no podamos bendecir nuestros orígenes. Marney llama a este progreso de bendición de nuestros orígenes «volver a pasar por el hogar».

Volver a pasar por el hogar no es un proceso fácil para un adoptado, ya que sus orígenes suelen estar envueltos en el misterio. El misterio sobre su concepción, el misterio sobre su nacimiento y el misterio sobre la historia de su familia. ¿Cómo puede bendecir sus orígenes si no conoce cuáles son? El diccionario dice que bendecir significa:

- Conceder un bien de cualquier tipo
- Honrar, embellecer
- Estar a favor de
- Respaldar
- Sonreír
- Perdonar

Piensa en estas palabras con respecto a tu hijo. Sé que coincidirías en cada aspecto con respecto a que esto es lo que quieres para él. Quieres que pueda sonreírse a sí mismo –que esté a favor de sí mismo– y que en último término perdone a otros que quizás le hayan aportado unos inicios dolorosos.

En otras palabras, quieres implantar en él una autoestima sana, independientemente de su historia pasada.

El dicho «Cuando sepas la verdad, la verdad te hará libre» se aplica en este caso. Recuerdo un póster con las frases anteriores y una imagen de una muñeca de trapo a la que hacían pasar por un escurridor anticuado. Un buen recordatorio de que la verdad suele ser dolorosa.

Cuando, por ejemplo, Cathy averiguó que había sido concebida como fruto de una violación, el corazón le dio un vuelco al escuchar esas palabras. Ella es una a las que el doctor Randolph Severson, terapeuta, describía en su libro *To bless him unaware* como una «niña cuya vida entró en la existencia a través de una acto degradante y terrorífico de violación sexual». Cathy nunca imaginó, ni en sus peores pesadillas, que ésta pudiera ser una posibilidad. Pese a ello, era su verdad, y la condujo hacia una mayor verdad: que algo bueno resultó de esa terrible violación de su madre biológica. Ese algo bueno era ella. También le ayudó a saber cosas sobre su madre biológica y todo por lo que había pasado para traerla al mundo.

Puede que haya muchas verdades que resulten difíciles de explicar a tu hijo. Quizás la madre biológica fuera drogadicta. Puede que haya un historial de enfermedades mentales, abandono o abusos sexuales en la familia.

Jeanine Jones (máster en trabajo social y asistenta social clínica colegiada), madre adoptiva de siete hijos, dijo en un artículo que apareció en la revista *Jewel Among Jewel Adoption News:* «No, no es un momento alegre cuando tu hijo quiere ver toda esta información y te preocupa que lo que lea pueda hacerle daño. Éste es un momento para la honestidad, la compasión y el desarrollo de relaciones».

Tu hijo puede, de hecho, a la edad adecuada, beneficiarse de escuchar información dolorosa sobre su pasado porque sabrá que se la estás explicando desde una verdad honesta y profundamente sincera. Los niños son genios en la detección de mentiras. Esta aportación de información no tiene tanto que ver con la verdad sobre su pasado como con su relación contigo y con él. Él está aprendiendo a confiar en ti a un nivel más profundo y también desarrollando autoestima. Posiblemente esté recibiendo la información más horrible y dolorosa de su pasado de tu boca, pero al mismo tiempo le estás demostrando que le quieres tal y como es.

A medida que esta relación de confianza y amor se haga más profunda, podrá decidir qué quiere hacer con la opción de averiguar más información o de buscar a los miembros de su familia biológica. Tanto si sigue adelante con una búsqueda real como si no, la relación entre los dos habrá crecido enormemente.

Cómo saber cuándo tu hijo está buscando

«Ahora estoy empezando a ver la necesidad de que el adoptado vuelva a pasar por su hogar, además del reto que ello supone, puede que estés pensando. ¿Hay algún comportamiento que pueda buscar en mi hijo para saber que quiere volver a pasar por su hogar?».

Sí, habrá comportamientos que te ayudarán a saber si tu hijo se está encaminando, interiormente, en esa dirección. Aprende a escuchar, tal y como has hecho, con tu corazón. Ten presentes las sabias palabras de los doctores Brodzinsky y Schechter extraídas de su libro *Soy adoptado*. Estos doctores tienen treinta años de experiencia entre los dos en tratar con niños adoptados. Cuando se les preguntó qué porcentaje de adoptados busca a sus padres adoptivos, su respuesta fue que el 100 %. «De acuerdo con nuestra experiencia –decían–, *todos* los adoptados se implican en un proceso de búsqueda. Puede que no se trate de una búsqueda literal, pero pese a ello es una búsqueda importante, de todos modos».

A veces, el deseo del adoptado de volver a pasar por el hogar es sutil o está enmascarado. A continuación tenemos algunas formas en las que los adoptados pueden expresar sus necesidades no verbalizadas:

En el caso de los niños:

- La búsqueda empieza en su imaginación, a través del relato de cuentos de hadas e historias.
- Puede mostrarse ya a los tres años mediante los juegos (busca especialmente los temas de la pérdida y el rescate: animales perdidos, niños extraviados, etc.).
- Después de que le cuentes su adopción, pregunta: «¿Por qué sucedió?».
- Puede que se pregunte dónde están sus progenitores ahora. «¿Dónde están?». «¿Vendrá mi madre biológica a verme algún día?».

En el caso de los adultos:

- «Puedes llevar a un perro al veterinario y averiguar de qué raza es, pero yo ni siquiera puedo saber cuáles son mis orígenes».
- «Ojalá pudiera decirle [a mi madre biológica] cuánto la quiero por haberme traído a este mundo».
- «Conocer a mi padre biológico me sirvió para reconocer quién soy».
- «Ahora que la he conocido [a mi madre biológica], sé cómo ser».
- «Conocer a tu familia biológica te proporciona un punto de referencia».

La verdad puede ser y probablemente será dolorosa para el adoptado, pero la mayoría de nosotros queremos saberlo todo. Queremos la
verdad a todos los niveles: físico, emocional y espiritual.

¿Qué pueden hacer los padres?

Introduce información, a la edad más temprana posible, sobre la familia biológica. Las palabras «madre biológica» y «padre biológico» no
deberían ser términos extraños que se impongan al niño más adelante
en su vida. En lugar de ello, la historia del niño debería exponerse en
términos que incluso un niño de preescolar pueda entender. «Estoy
tan contenta de que tu madre biológica te entregara a nosotros para
que te quisiéramos». «¡Quizás fue tu madre biológica la que te dio esa
preciosa sonrisa!».

Vicky, una muchacha de diecinueve años embarazada, recuerda la
ansiedad de su madre con respecto al asunto de su madre biológica.
La noche antes de su boda, su madre adoptiva le reveló, hecha un
manojo de nervios, el nombre de su madre biológica y los pocos datos
que conocía sobre la historia de su familia biológica. «No sólo me
pareció inoportuno y fuera de lugar, sino que lo sentí como una traición —dijo Vicky—. ¿Por qué no me lo dijo antes? ¿Por qué me ocultó
algo tan vital para mi bienestar? También me generó sentimientos de
vergüenza. ¿Había algo horrible en mi pasado o en mí que la ponía tan
nerviosa?».

No fue hasta muchos años después cuando Vicky supo que su madre biológica había sido violada. Estaba segura de que su madre adoptiva era consciente de esto, ya que su abuela fue la asistenta social que
gestionó su adopción privada.

«Si mi madre hubiese compartido esa información conmigo antes,
estoy segura de que podría haberla gestionado —dijo Vicky—. Sí, hubiera sido doloroso. Sí, probablemente habría generado más preguntas
sobre mi historia, pero me habría empoderado para poder confiar más
en mi madre adoptiva y quererla más».

Vicky se da cuenta de cómo eso le pasó factura. «Como no me
proporcionaron los dolorosos detalles sobre mi concepción hasta que

tuve cuarenta y tres años, me llevó mucho tiempo y energía poder separar las circunstancias de mi concepción de quién soy como persona. Durante años después de conocer las circunstancias, decía que "Había sido concebida como fruto de una violación". Siempre que pronunciaba esas palabras, mi alma se inundaba de vergüenza y tristeza. Un día me di cuenta de que estaba cargando con el dolor y la vergüenza de mi madre biológica. Después de eso aprendí, simplemente, a decir "Mi madre fue violada". Eso eliminó de mí la incesante vergüenza y me permitió querer más a mi madre biológica».

Menudo regalo que le estarías haciendo a tu hijo si compartieras toda su historia con él cuando llegue el momento adecuado. Podrías ayudarle a trabajar con la compleja tarea de separar las dolorosas circunstancias de su concepción y su nacimiento de cómo es él como persona.

No estoy defendiendo que te sientes con tu hijo de cuatro años y que compartas con él los aspectos negativos de su concepción y su nacimiento, pero sí que propugno responder a sus preguntas honestamente siempre que surja la oportunidad.

Permite que el niño lleve la voz cantante. Sabrás cuándo es el momento adecuado porque él empezará a hacer preguntas. Espera preguntas sobre su madre biológica ya a los tres años. La adopción puede que le parezca algo maravilloso a tu hijo en edad preescolar, pero cuando alcance la edad escolar, empezará a darse cuenta de que ser elegido significa que antes fue rechazado por alguien. «¿Por qué no me quiso mi madre biológica? ¿Dónde está mi madre biológica ahora? ¿La conociste? ¿Crees que le gustaría si me conociese ahora?».

Me entran escalofríos cuando digo la palabra «rechazo» porque arroja una luz desfavorable sobre la madre biológica y su decisión de renunciar. No es ésta mi intención. Sin embargo, es importante darse cuenta de que la renuncia se traduce para el adoptado en rechazo, independientemente de cuánto le quisiese su madre biológica. Ésta es la realidad emocional del adoptado y probablemente será el momento en el que se producirá su interrogatorio.

Piensa detenidamente en los posibles escenarios de cómo contestarás a las preguntas de tu hijo antes de que se vuelva curioso. Cuando llegue el momento, tu confianza y serenidad le harán saber que está bien que haga preguntas y que exprese sus verdaderos sentimientos.

Probablemente no tendrás todas las respuestas a sus preguntas, especialmente si la adopción ha sido internacional. Sin embargo, tu hijo puede aprender a tener una paz asentada en lo tocante a sus orígenes, sabiendo que en su vida siempre habrá preguntas sin contestar.

Aprende a escuchar los mensajes expresados y no expresados de tu hijo. Esto te pondrá al tanto sobre qué parte de la información le molesta. «Tienes que estar de broma». «Oh, no, de ninguna forma». «Eso es horrible». «No quiero oír más». Éstas son indicaciones de que ha asimilado toda la información que puede en este momento concreto. ¿Cuáles son las indicaciones no verbales? Recuerda que ésta es la primera vía de comunicación antes que las palabras. ¿Se echa las manos a la cara con una total incredulidad? ¿Tiene una mirada distante o se sume en una mirada catatónica fija? ¿Traga saliva? ¿Se pone rígido su cuerpo? Si es así, presta mucha atención. Si se queda con la mirada fija probablemente esté paralizado por el miedo. Si traga saliva, puede que esté agobiado. Si se le pone el cuerpo rígido, quizás esté transmitiendo que simplemente no puede aguantar más.

Recuerda que la adopción es un viaje que dura toda la vida. Las preguntas sobre su nacimiento y su familia biológica saldrán a la superficie en cada etapa del desarrollo en la vida. Los momentos de cambios (ir al instituto, irse de casa para estudiar en la universidad, casarse y tener sus propios hijos, la madurez, la ancianidad) frecuentemente serán los precursores de que los asuntos relacionados con la historia vuelvan a salir a la superficie. Sin embargo, la información que ya le has proporcionado no será una piedra de molino alrededor de su cuello, sino que más bien le proporcionará un contexto para aprender lecciones más profundas sobre lo que significa ser adoptado. Al final se dará el crecimiento.

Probablemente coincidirás en que «volver a pasar por el hogar» conociendo la historia de su nacimiento no es una tarea fácil para la mayoría de los adoptados.

Algunos adoptados no tienen ningún deseo de aprender nada más allá de la historia de su adopción. No obstante, cuando tu hijo expresa su necesidad de volver a pasar por el hogar y aprender lo que pueda acerca de su pasado, e independientemente de lo dolorosos que sean los detalles, confía en su instinto. El resultado final puede muy bien ser que en último término podría mirar atrás hacia su pasado con perdón y hacia sí mismo con buenos ojos.

Hablar de todos los datos sobre la historia de tu hijo puede que ponga sobre el tapete muchas preocupaciones en su interior, y que una de ellas sea «¿Fui un mal bebé?». El siguiente capítulo tratará específicamente de ese asunto y te equipará para que detectes las convicciones basadas en la vergüenza en tu hijo.

11

«Tengo miedo de haber sido "entregado" por mi madre biológica por haber sido un bebé malo. Necesito que me ayudes a descargar mi vergüenza tóxica»

«¿Fui un mal bebé, mamá?» le preguntó el joven Stephen a sus padres después de que éstos le hablaran sobre su adopción.

«¿Pasaba algo malo conmigo?... ¿Es ésa la razón de que no me quisieran?... ¿Era un mal bebé?».

Sus padres, sorprendidos por las turbadoras preguntas de Stephen, recuperaron su compostura y le aseguraron a su hijo que la «renuncia» no tuvo nada que ver con él. Pese a ello, cuando le explicaron que su madre biológica sólo tenía trece años cuando nació y que no estaba preparada para criarle, él siguió preguntándose, en silencio, si pasaba algo malo con él.

Como quinceañero, estaba lleno de culpabilidad y vergüenza debido a por lo que imaginaba que había pasado su madre biológica por culpa de él. Dijo: «Estaba convencido de que mi madre biológica debió de haber sido violada y que, por lo tanto, yo era el resultado de un suceso terrorífico: un suceso que podía muy bien haber destrozado la vida de una chica joven. Sentía que no merecía ser feliz si mi dolor había provocado un intenso sufrimiento a mi joven madre».

Más adelante en su vida, cuando le diagnosticaron un defecto cardíaco congénito, estaba convencido de que lo que creía sobre sí mismo era cierto después de todo: él era defectuoso, un error.

Con lo que Stephen lidiaba era con la vergüenza. La vergüenza tóxica. Una vergüenza que te grita en voz alta hacia el interior de tu alma: «¡Hay algo mal en ti!».

Muchos adoptados batallan con la vergüenza. Sin intervención probablemente se creerán que la razón de su adopción fue porque eran un bebé/niño malo.

«Espero que mi hijo no esté lidiando con la vergüenza en silencio», te puedo oír diciendo. «Si lo está, ¿cómo puedo intervenir y ayudarle a resolverlo?».

Para poder cumplir esa tarea, es importante comprender exactamente qué es la vergüenza, dónde se origina, cómo se ven afectadas por ella las convicciones del adoptado, cómo lidian con ella y qué se puede hacer al respecto.

¿Qué es la vergüenza tóxica?

El diccionario define la vergüenza como:

- El sentimiento doloroso que surge de la conciencia de algo deshonroso, indecoroso o ridículo.
- Desgracia.
- Humillación.
- La mortificación de verse señalado para recibir una reprimenda.
- La mortificación de ser humillado delante de otros.
- Desvalorización.

Si renunciaron a tu hijo para darlo en adopción cuando era un bebé, entonces una de sus primeras experiencias en la vida fue verse apartado de todo lo que era seguro y conocido: la presencia de su madre. Por supuesto, un bebé no puede procesar las complejas razones que hay tras esta separación, y las interpreta como un abandono primario. A un nivel central, este rechazo, real o percibido, provoca vergüenza.

Si tu hijo fue apartado de su familia biológica a una mayor edad, quizás se hiciese el valiente y actuara como si pudiera soportar lo que fuera. Sin embargo, puede que su actitud de «puedo manejarlo» sea simplemente una estratagema para ocultar un profundo sentimiento de fracaso: «Me apartaron de mi mamá porque era malo. Debería haber sido mejor». Esta convicción suele ser trágicamente cierta incluso para los niños que fueron, claramente, objeto de abusos físicos o sexuales por parte de sus progenitores y que fueron apartados de ellos en aras de su protección.

Debido a su arraigado miedo al rechazo, muchos adoptados intentan gestionar ese dolor complaciendo a la gente o rebelándose. «Si lo hago todo bien, entonces me querrán y se quedarán conmigo. Si me niego a necesitar su aprobación, entonces no podrán hacerme daño cuando me rechacen».

¿Qué hay de tu hijo adoptado? ¿Notas que es excesivamente complaciente, que está deseoso de agradar? ¿O tiende a portarse mal, predisponiéndose al rechazo que cree que merece? Puede que tu hijo sea una combinación de ambos, como la persona que está «sentada tranquila por fuera, pero firme de pie por dentro».

Si tu hijo es obediente o rebelde, o si oscila entre estas dos opciones, piensa en lo que puede que esté intentando decirte de la única forma en que sabe hacerlo:

- «Me siento abrumado».
- «Mi vaso del miedo está rebosante».
- «Estoy intentando gestionar mi miedo al rechazo».
- «Debo prevenir el dolor futuro, independientemente de lo que me cueste».
- «Estoy convencido de que sólo es cuestión de tiempo que descubráis que hay algo malo en mí».
- «Tengo miedo de que haya habido algo malo en mí a lo largo de todo el tiempo».

En otras palabras, los pensamientos que motivan el comportamiento de tu hijo puede que estén basados en la vergüenza. A no ser que puedas destapar su vergüenza ilegítima y que la reemplaces con la verdad, pueda que sufra un gran dolor psíquico, viva con miedo o genere un caos constante en la familia. Por supuesto, no todos los adoptados experimentan vergüenza a este nivel, pero si tu hijo parece más obediente o rebelde de lo normal, entonces querrás pensar en lo que puede que esté impulsándole.

Exponiendo la vergüenza tóxica

Muchos adultos que fueron adoptados con los que he hablado se dan cuenta ahora de que se estaban diciendo a sí mismos cuando eran niños: «Mi madre biológica renunció a mí porque era un mal bebé, así que tengo que hacer lo que sea para ser bueno. Si no, mis padres adoptivos también me rechazarán».

Su convicción se pone de manifiesto en estas conductas «complacientes»:

- «No quería que nadie se sintiese decepcionado conmigo. Hacía horas extra para ser el hijo modélico».
- «Me sentía obligado a devolver la amabilidad cuando otros me la ofrecían».
- «Actuaba con timidez».
- «Era ultrasensible con respecto a los sentimientos de los demás».
- «Tenía miedo de que me consideraran malo o egoísta».
- «Intentaba ser perfecto».
- «Permitía que los demás me mangoneasen».
- «Puse empeño en averiguar qué esperaban los demás y adapté mi comportamiento de acuerdo con ello. Cuando decían: "¡Salta!", yo preguntaba: "¿Cómo de alto?"».
- «Me mortificaba constantemente».

La faceta obediente del comportamiento del adoptado suele ser difícil de discernir para los padres, ya que por fuera puede parecer que todo va bien, cuando, en realidad, por dentro hay una confusión emocional. Tal y como se ha comentado en un capítulo anterior, debes discernir si la «fortaleza» de tu hijo procede de un lugar de salud o de dolor.

Sin embargo, los adultos que fueron adoptados que echan la vista atrás con respecto a su rebelión, decían, una vez que lo razonaban: «Mi madre biológica renunció a mí porque era un mal bebé. Por lo tanto, actuaré como el perdedor que soy en realidad».

Los comportamientos que indican estas convicciones son:

- Robar.
- Querer escapar de casa o hacerlo.
- Ira.
- Prender fuego a cosas.
- Atacar físicamente a los padres adoptivos.
- Promiscuidad.
- Quedarse embarazada extramatrimonialmente.
- Rechazar a los demás («No seré el primero en ser rechazado»).
- Hacer daño a otros («Te haré daño antes de que tú puedas hacérmelo a mí»).
- Hacerse el duro («Puedo hacer frente a cualquier cosa que me traiga la vida»).
- Trastornos alimentarios.
- Suicidio.

Si tu hija muestra tanto obediencia como rebelión, entonces puede que sea popular en el colegio, o que sus compañeros la voten como reina del baile de graduación, pero que vuelva a casa con las palabras que todo padre teme: «Mamá, papá… Estoy embarazada». O puede que sea encantadora y adorable con los demás, pero que sea imposible vivir con ella en casa.

¿Qué pueden hacer los padres?

Enterarse de la vergüenza tóxica de tu hijo puede que parezca agobiante e insuperable, pero no es así. Aquí tienes algunas cosas que puedes hacer para sacar a la luz algunas de las convicciones espurias de tu hijo sobre sí mismo y luego ayudarle a librarse de su vergüenza tóxica y deshacerse de ella tirándola a donde corresponde: a la basura, y lejos, muy lejos de su preciosa alma.

ENSÉÑALE A DETECTAR LOS PENSAMIENTOS IGNOMINIOSOS

Cuando tu hijo es pequeño, puedes desafiar sus declaraciones de vergüenza tóxica en su nombre.

—¿Fui un mal bebé, mamá? ¿Es ésa la razón por la cual me abandonaron?

—No, cariño. Te abandonaron porque no podían ser padres. Es difícil de entender, ¿verdad?

A medida que tu hijo vaya creciendo, no es suficiente con que *tú* conozcas los síntomas de la vergüenza tóxica, sino que también debes enseñar a tu hijo a identificarlos. Por lo tanto, cuando oigas un pensamiento ignominioso, oponte a él.

—Mamá, soy un tremendo perdedor.

—Detecto vergüenza en esa visión que tienes de ti mismo. ¿La detectas tú? ¿Recuerdas lo que es la vergüenza? Consiste en creer que hay algo malo en ti como persona. Ése es el tipo de pensamientos a los que debes rechazar en tu interior. Espero que cuando este tipo de pensamientos te acuda a la mente, te digas a ti mismo: «Ese pensamiento no es verdad. Soy una persona increíble».

ESCRIBE UNA CARTA DE BIENVENIDA

Otra forma en la que puedes ayudar con la vergüenza tóxica de tu hijo consiste en que le escribas una carta en la que ratifiques su «bienvenida» al mundo y a tu familia. Tu hijo necesita escucharlo una y otra vez. «Eres bienvenido. Pese a que no estuviéramos a tu lado el día que naciste, nuestros corazones te estaban diciendo: "Bienvenido a este mundo, pequeñín". Deseábamos que fueses nuestro hijo mucho antes de que nacieses. Eres un regalo para nosotros».

Podrías hacer que esta carta fuera la primera entrada en el libro de la vida de tu hijo, recordándole, siempre que se explique la historia de su nacimiento o de su adopción, su lugar en el mundo y, en concreto, en tu familia.

RATIFICA EL VALOR DE TU HIJO

Recuerdo una ocasión, en medio de mi proceso de terapia, en la que mi terapeuta me pasó el brazo por encima del hombro mientras salía de una sesión y me dijo: «Eres realmente maravillosa, ¿sabes?». Su declaración me pilló por sorpresa. Nunca había escuchado esas palabras aplicadas directamente a mí.

Tu hijo necesita escuchar afirmaciones concretas sobre su valor. «Eres un tipo genial». «¡Eres maravilloso!».

Si eres una persona creyente, también querrás enseñarle a tu hijo que forma parte de la creación de Dios, y que Dios no comete errores. «Dios te creó y te quiere tal y como eres. Nosotros también».

RÍETE DE TI MISMO

El afamado autor y conferenciante John Bradshaw dice en su libro *Volver a casa: recuperación y reivindicación del niño interior:* «La vergüenza tóxica nos obliga a ser más que humanos (perfectos) o menos que humanos (alguien detestable). La vergüenza sana nos permite cometer errores, que forman parte integral del hecho de ser humano».

La mejor forma en la que tú, como padre adoptivo, puedes ayudar a tu hijo a librarse de la vergüenza tóxica, consiste en aprender a reírte de tus propias rarezas y errores. Como puede que tu hijo crea que él *es* un error, necesitará que seas un modelo para él de que ser humano está bien. Muéstrale tu humanidad. Explícale cuándo la has fastidiado. Ayúdale a ver que la gente no merece ser rechazada simplemente porque esté viva. Enséñale acerca de la alegría de perdonar, ser perdonado y perdonarse a sí mismo. Antes de que te des cuenta, te estará imitando.

Éstas son algunas de las cosas que puedes hacer para ayudar a tu hijo a librarse de la vergüenza tóxica. Si no tiene éxito a la hora de resolver su vergüenza, nunca se sentirá tan seguro y querido en el mundo como debería. Como resultado de ello, su miedo al abandono será su compañero constante. Hablaremos sobre esto a continuación.

12

«Tengo miedo de que me abandones»

Imagina que estás en la soleada Florida, subiéndote a un vagón fantasma para darte una vuelta por la Mansión Encantada de Disney World. Los adultos y los niños se agarran a las barras de seguridad de sus vehículos mientras éstos siguen su recorrido lleno de curvas por la oscura mansión.

Los gritos de terror rompen el silencio mientras espectros adornados con elaboradas ropas elegantes bailan, metódicamente, valses con la música de Bach.

A la mitad del recorrido, oyes como un niño que se encuentra en el vagón fantasma que hay delante de ti empieza a llorar. Sus gemidos atraviesan la oscuridad y tu corazón.

Cuando el trayecto finaliza, no puedes evitar escuchar furtivamente el diálogo de la familia.

«¿Qué es lo que te ha alterado, Johnny? –le dice amablemente su madre animándole a hablar–. No pasa nada por estar asustado. Simplemente recuerda que estoy aquí contigo, a tu lado. Estás a salvo».

¿Qué niño no quiere oír estas palabras y conocer estas verdades a lo largo del trayecto de la vida? En el caso del niño adoptado, la necesidad de saber «Estoy aquí… Estás a salvo… No te abandonaré» eclipsa al resto. Verás, uno de los problemas más profundos para un adoptado es el miedo al abandono por vosotros, sus padres.

«¡¿Que yo le vaya a abandonar?! –estarás pensando probablemente–. ¡Eso es lo último que le haría a mi hijo! ¡Le quiero muchísimo!».

En el caso de la mayoría de los adultos que fueron adoptados, sé, no obstante, que el miedo al abandono ha supuesto una batalla emocional a lo largo de toda su vida.

«He tenido problemas con el abandono hasta donde puedo recordar –comentaba un hombre–. El miedo al rechazo siempre está ahí».

Otro dijo: «Asumí, cuando encontré a mi familia biológica, que el miedo al rechazo se desvanecería, pero no fue así».

«¿De dónde procede este miedo y cómo se pone de manifiesto? –te imagino preguntando–. ¿Y qué podemos hacer nosotros, como padres, para ayudar a nuestro hijo a navegar por las siniestras aguas del miedo al abandono y a que acabe estando sano al otro lado?».

Entrando en la casa encantada de tu hijo

El diccionario define el miedo como «una emoción angustiante provocada por un dolor, peligro o mal inminente o por la impresión de que pudiesen producirse». Escucha las descripciones gráficas que los adultos que fueron adoptados emplean para describir el abandono que sintieron siendo niños:

- Que los abandonen en el arcén de una carretera.
- Un bebé, solo, en una cesta en un campo.
- Una sala de partos con nadie ahí más que yo.
- Un niño que mira, una fría noche de invierno, por una ventana, hacia el interior de una casa en la que hay una familia feliz.
- Estar fuera, mirando hacia el interior.
- Que te dejen atrás mientras otros siguen con su vida.
- Un niño llorando llamando a su madre.

El miedo y el abandono están inextricablemente entretejidos y unidos con un gran nudo en la psique y el espíritu de un niño adoptado.

Piensa, por un momento, en que todos debemos superar el miedo normal en la niñez a ser abandonados. Se trata de una impresión que no está basada en la verdad. Sin embargo, para el adoptado, hay un giro añadido a ese miedo que hace que sea extremadamente difícil superarlo. El miedo no es una impresión: es una realidad basada en el abandono por parte de la madre biológica. Además, la propia madre biológica es real (porque existe), aunque es una ilusión (porque el adoptado no puede verla). Cuando reflexionas sobre estas paradojas, ¿acaso es una sorpresa que los adoptados lidien con el miedo?

Un adoptado dijo: «Necesito pruebas tangibles de que habrá alguien a mi lado cuando le necesite. Siempre asumí que lo que no podía ver (por ejemplo, la familia biológica, la gente que se había distanciado) no existía. Me hace sentir muy estúpido. Debería haberlo aprendido cuando tenía dos años».

Otra mujer dijo: «Cuando la gente se va, pienso que se ha ido para siempre».

Así pues, uno de tus retos como padre adoptivo consiste en convencer a tu hijo de que siempre estarás ahí a su lado incluso aunque no pueda verte. Necesitarás aprender formas creativas de hacerlo que sean exclusivas para el temperamento y la situación de tu hijo.

Una madre adoptiva compartió recientemente cómo enseñó este concepto a su hija. A la hora de irse a dormir, le daba las buenas noches, pero entonces, después de cerrar la puerta, mantenía una breve conversación con ella hasta que se ponía cómoda para dormirse. De esta forma, la niña aprendía que incluso aunque no pudiese ver a su mamá, ella seguía estando ahí a su lado.

La necesidad de un compañero de viaje

Cuando la madre de Johnny le tranquilizó después del amedrentador recorrido por la mansión encantada, estaba siendo para él lo que los doctores Paul Warren y Frank Minirth, un pediatra y un psiquiatra, respectivamente, llaman un compañero de viaje. En su libro *Things that go bump in the night,* abordan los miedos básicos de cada niño y enseñan a los padres a tranquilizarle en cada fase de su desarrollo.

Todo niño necesita un compañero de viaje: alguien más fuerte y más sabio que le ayude a aprender cómo superar los miedos de la niñez y a seguir adelante hacia la madurez. Alguien que sepa cuándo reconocer una emoción y cuándo responder relajadamente. Alguien que rezume empatía y le anime a tener unas aspiraciones elevadas. Alguien que esté ahí a su lado, independientemente de lo que suceda.

En condiciones ideales, el compañero de viaje será un padre sano: alguien que haya resuelto sus propios problemas relacionados con el abandono y que, por lo tanto, no proyecte su miedo no resuelto a sus hijos. Cuando puedas estar emocionalmente presente para tu hijo, podrás convertirte en su compañero de viaje y enseñarle cómo tapiar con planchas las mansiones encantadas interiores de su miedo primario.

¿Qué pueden hacer los padres?

MOSTRAR EMPATÍA

Un compañero de viaje eficaz requiere de la capacidad de empatizar con los sentimientos de su hijo. Empatizar significa identificarse racionalmente o experimentar, en el lugar de otra persona, sus sentimientos, pensamientos o actitudes.

Ahora, para empatizar, usa tu imaginación. Siempre que se presente la ocasión, muéstrale a tu hijo que estás haciendo todos los esfuerzos posibles por comprender, tanto racional como emocionalmente, cómo es ser adoptado.

- «No puedo imaginar lo confuso que debe ser tener dos pares de padres… uno biológico y uno adoptivo [empatía]. Yo también me sentiría confundido [identificación]».
- «Debes sentirte confundido durante los cumpleaños, al recordar a tu madre adoptiva y tu madre biológica [comprensión]. Muchos adoptados se sienten así [empatía]».
- «Debe ser amedrentador decirnos adiós [empatía]».
- «¿Te sientes cohibido en las revisiones médicas cuando tienes que decir que no conoces tu historial médico porque fuiste adoptado? [sintonizar con él]».
- «Ser adoptado duele de verdad a veces, ¿verdad? [empatía]».
- «Imagino que debes tener muchas preguntas sobre por qué tu madre biológica te dio en adopción [ponerse en el lugar del niño]».

La empatía será tu clave para acceder a los miedos de tu hijo de ser abandonado. No temas verbalizar, concretamente, las afirmaciones que te dan que pensar, tal y como he hecho en los ejemplos anteriores. Esto os conectará a tu hijo y a ti de forma más profunda. Al igual que el niño asustado que iba en el vagón fantasma se sintió libre para hablar de sus miedos con sus padres, tu hijo aprenderá a verbalizar los suyos y a acudir a ti en busca de consuelo y confirmación. Cuando lo haga, su miedo al abandono se mostrará como lo que es: simplemente un fantasma amedrentador en los rincones oscuros de su pasado.

EMPODERA A TU HIJO

Otra herramienta que necesita un compañero de viaje es la capacidad de ayudar a su hijo a corregir sus ideas falsas sobre el trauma de la adopción (hablaremos con mayor detalle sobre esta herramienta en el capítulo 14). El objetivo consiste en reactivar las esperanzas del niño de que sus propios esfuerzos supondrán una diferencia en la historia de su vida, de forma que pueda trascender a los sentimientos de victimización y dejar de sentirse una «presa fácil» de futuros traumas como el abandono.

La vida de cada adoptado es una historia que se está escribiendo. Al principio, el trauma entró en el relato amenazando con imposibilitar la experimentación de su propia historia con expectativas de peligro y malos finales. Tiene que aprender, tal y como dijo Hemingway en una ocasión, a «ser fuerte en los lugares rotos».

Quizás quieras que haga un dibujo de su vida basándose en esta metáfora de Maxine Harris en *The loss that is forever*:

Cuando un árbol sufre el impacto de un rayo,
si sobrevive,
su crecimiento se ve alterado.
Puede que se forme un nudo en el lugar en el que el rayo
le golpeó.
El crecimiento en uno de los lados del árbol puede que sea más
vigoroso
que en el otro lado.
Puede que la forma del árbol cambie.

Un giro inesperado o una grieta curiosa han reemplazado lo
que podría,
de otro modo, haber sido una línea recta.
El árbol florece;
alberga frutos,
proporciona sombra,
se convierte en el hogar de pájaros y ardillas.
No es el mismo árbol que hubiese sido si no hubiera habido
una tormenta con rayos,
pero algunos dicen que es más interesante así.
Pocos pueden siquiera recordar el suceso
que cambió su forma para siempre.

Debido a tu empatía como compañero de viaje, te has montado en un vagón fantasma con tu hijo y estás circulando por el amedrentador pasillo del abandono. Ten presente el resultado final, ya que puede que todavía haya muchas curvas inesperadas más adelante. Sin embargo, cuando tu hijo y tú salgáis, al final del recorrido, a la maravillosa luz del día, él verá cómo estás sentado a su lado y se dará cuenta de que, después de todo, no estaba solo. Tú has estado ahí, en cada giro y curva del camino.

El siguiente capítulo trata del niño adoptado que quizás no hable contigo como sí hizo el niño del vagón fantasma. Puede que parezca más entero e impávido de lo que está realmente. Echemos un vistazo debajo de la «entereza» y veamos qué puede estar pensando y sintiendo realmente.

13

«Puede que parezca más "entero" de lo que en realidad estoy. Necesito tu ayuda para desvelar las partes de mí mismo que mantengo ocultas de modo que pueda integrar todos los elementos en mi identidad»

Apuesto a que cuando firmaste en la línea de puntos para convertirte en padre adoptivo no tenías ni idea de que recurrirían a ti para que actuaras como un detective; pero eso es exactamente lo que tu hijo adoptivo te está pidiendo que seas. Quiere que le ayudes, amablemente, a descubrir las partes desintegradas de su identidad y luego a reconectar las piezas separadas.

Sé que suena a todo un reto, pero vayamos paso a paso. Empecemos con la palabra «integrado» o «integrar». ¿Qué significa? ¿Y cómo se aplica a tu papel como padre adoptivo?

El diccionario nos aporta un lugar por el que empezar:

- Unirse
- Consolidar
- Combinar
- Fundirse con

- Fusionarse con
- Mezclarse
- Adherirse
- Incorporar partes a un conjunto
- Combinar o producir una unidad de mayor tamaño

Si aplicamos estas palabras a una adopción, «integración» significa unir todos los elementos de las identidades adoptiva y biológica de forma que pueda desarrollarse la plenitud interior. Para que puedas ayudar a tu hijo adoptivo a alcanzar este objetivo, es esencial que puedas comprender que las partes de la identidad de un niño adoptado no están bien integradas.

Ahora, antes de que avancemos más, quiero recordarte que no soy médico clínico. Los conocimientos que he cosechado a partir de la información que estoy a punto de compartir son los más básicos posibles. No obstante, me proporcionaron sanación. Los comparto esperando que puedan hacer lo mismo por ti y por tu hijo.

Cuatro aspectos de la identidad del adoptado

Según los psicólogos Joseph Luft y Harry Ingram, hay cuatro dimensiones en la identidad de una persona. Una dimensión consiste en lo que el individuo conoce de sí mismo. Otra dimensión es igualmente real: lo que no conoce sobre sí mismo. La tercera dimensión consiste en lo que los demás saben sobre él. La cuarta es lo que le oculta a los demás.

LO CONOCIDO POR ÉL MISMO

Ésta es la parte que el adoptado conoce sobre sí mismo, la parte de la que está al tanto conscientemente. Esto incluye los aspectos superficiales como el color del cabello, la piel y los ojos, y las preferencias en cuanto a la comida y las actividades. También engloba su sentido de lo que es correcto e incorrecto y sus convicciones sobre la verdad y la belleza. Éstas son bendiciones inculcadas en él por la gente importante en su vida, como tú.

Susan Soon-Keum Cox, una mujer adulta adoptada y defensora de la adopción internacional, articuló su dimensión «conocida por sí misma»: «Fui adoptada en Corea cuando tenía cuatro años y medio. Mis padres adoptaron a otro niño y luego tuvieron tres hijos biológicos. Así pues, soy la mayor de cinco hermanos. Comprendíamos perfectamente que las diferencias entre nosotros no les importaban a mis padres. Todos éramos igual de queridos. Eso es algo que siempre se comprendió claramente».

LO DESCONOCIDO POR ÉL MISMO

Ésta es la parte de la identidad del adoptado que éste no conoce: la parte inconsciente. Esto incluiría mensajes sutiles que recibió en el útero por parte de su madre biológica, los recuerdos sensoriales que lleva consigo desde el nacimiento y su abandono, y sus miedos insondables que no han sido reconocidos y de los que tiene que ocuparse.

Imagina simplemente el *shock* de una adoptada que no supo hasta su mediana edad que había sido adoptada: «Parece que, en el funeral de mi padre, una amiga de toda la vida escuchó una conversación en la que mi padrino y amigos debatían sobre el hecho de que yo fuera adoptada y no tuviera un parentesco biológico con los padres que nos criaron. Le dije, de inmediato, que estaba equivocada. Me parecía mucho a mi padre y mi madre. ¿Cómo podía ser eso verdad? Parece que mis padres se llevaron este secreto a la tumba y que habían advertido a todos los miembros de la familia para que nunca nos lo contaran. A los cincuenta años averigüé que toda mi vida había sido una mentira. ¿Quién soy yo? ¿De dónde vine? Mi vida se había visto cambiada para siempre».

LO CONOCIDO POR OTROS

Este componente de la identidad del adoptado *es* la parte conocida por los demás, la parte que frecuentemente parece fuerte, llena de confianza y que mantiene bajo control la situación. Sin embargo, como detective en ciernes, es imperativo que te des cuenta de que la fortaleza de tu hijo puede oscilar entre una salud auténtica y un dolor oculto.

Jonathan, de diecisiete años, ilustra la verdadera salud. Dice: «Ser adoptado ya no es gran cosa para mí. Forma, simplemente, parte de mi vida». ¿Cómo ha obtenido tal fuerza? Tiene unos padres emocionalmente sanos que le han animado a hacer preguntas difíciles (¿Quién soy? ¿Por qué me abandonó mi madre? ¿Por qué tuve que ser adoptado? ¿Por qué me tratan como a un niño en el juzgado cuando simplemente pregunto quiénes son mis padres biológicos?), a verbalizar las emociones y los miedos inexpresables (la odio, te odio, me odio a mí mismo, odio a Dios, me llamaron ilegítimo... ¿Lo soy? ¿Soy un bastardo? ¿Soy de segunda clase... como un artículo con tara? ¿Soy como una pieza que no encaja en esta familia? ¿Encajo de verdad?), y a aprender a imitarlos como modelo a seguir (a acoger la amplia gama de emociones y a seguir sabiendo que es aceptable tal y como es: en otras palabras, a estar en paz consigo mismo).

Mary Watkins y Susan Fisher, en *Talking with young children about adoption,* relatan una escena gráfica de un niño pequeño que está aprendiendo a integrar las distintas partes de su identidad:

«Un compañero le susurra al oído al niño adoptado algo sobre "Eres adoptado" y "No estuviste en el vientre de tu madre". El niño contesta, de forma realista: "Por supuesto. Soy adoptado. Sí, claro: no estuve en el vientre de mi madre. Estuve en el vientre de una hermosa mujer, y era demasiado joven para ser madre. Por lo tanto, salí de su vientre, y mi padre y mi madre estaban esperando, y mi mamá ha sido muy feliz desde entonces"».

Sin embargo, el adoptado que está viviendo a partir de una herida supurante suena muy diferente. Aquí tenemos las palabras de algunos:

- «He asumido la identidad y los comportamientos de cada grupo al que he pertenecido. Si actuaban de una cierta forma, entonces lo mismo hacía yo».
- Marcy Axness, en su artículo titulado «Betrayal» («Traición»), dijo: «Lo que ocupó el lugar de mi verdadero yo fue la que respondía por los demás, la que podía cumplir y sonreír y no resultar herida, la que podía encajar agradablemente en la vida que mis padres adoptivos habían construido para mí».
- Tim Green, en *A man and his mother,* dijo: «Nadie sospechó nunca. Yo era un jugador de fútbol americano, duro y malvado, con una constitución como la de una estatua de mármol, despreocupado y lleno de confianza, un hombre hecho y derecho.

Imagino que era todas esas cosas, pero al mismo tiempo, por supuesto, seguía siendo el niño que lloraba hasta quedarse dormido por un final trágico de un libro».

La madre adoptiva Alyce Mitchem Jenkins, en su artículo «Parenting your adopted child» («Criando a tu hijo adoptivo»), ilustra cómo un niño pequeño puede verbalizar esta falta de integración. Describe una escena en la que dos adoptados jóvenes estaban hablando.

«Fui adoptado», dice tu hijo. Su amigo y él están jugando juntos alegremente. Y tú también te sientes bien. Has intentado explicarle sus orígenes de una forma positiva, y claramente, él está contento de ser adoptado. Incluso alardea de ello. Pero luego continúa: «No nací. Fui adoptado».

«¡Vaya! Se siente diferente de verdad. ¿Que no nació? ¿De dónde ha sacado esa idea? ¿Y qué deberías hacer respecto de esta idea errónea?».

Este diálogo alertaría al padre sagaz de que se debe enseñar al niño adoptado cómo integrar las historias de su nacimiento y su adopción en su identidad total.

LO DESCONOCIDO POR OTROS

El cuarto componente de la identidad es la parte que el adoptado decide no compartir con los demás. Es la parte personal, y es prerrogativa suya compartirla. Ésta puede incluir aspectos negativos y vergonzantes de su historia (Fui concebido como fruto de una violación. Mi madre era drogadicta. Mi madre biológica no dejó tras de sí *ninguna* historia para mí. Mis padres biológicos fallecieron antes de que pudiera encontrarlos. Es imposible para mí leer mi certificado original de nacimiento. Mi madre biológica era esquizofrénica. Temo enfermar también yo algún día).

¿Qué pueden hacer los padres?

Como buenos detectives habéis aprendido acerca de las partes desintegradas de la identidad de vuestro hijo. Ahora ha llegado el momento de centrarse en cómo ayudarle a volver a conectar las piezas separadas.

MUESTRA UN APOYO Y UNA FRANQUEZA INCONDICIONALES

Kathy Giles, una madre adoptiva, describe su método para ayudar a su hijo a conectar las piezas que le faltan: «Los niños adoptados no siguen siendo niños. Crecen. El problema para las "personas grandes" en su vida es el siguiente: ¿aseguraremos que crezcan sanos y plenos, o les perjudicaremos y mutilaremos con secretos, barreras, posesividad y miedo? Yo, por mi parte, me veo en el primer papel. Soy la principal facilitadora, la presidenta de su club de admiradores y la jefa de sus animadoras».

FOMENTA EL SINCERAMIENTO

El adoptado necesita aprender a arriesgar: a sincerarse, a revelarle a una persona digna de confianza algo de su lado «desconocido para los demás». ¿Por qué? Porque necesita aprender cómo confiar en los demás, cómo recibir consuelo y esperanza, y cómo conectar en relaciones importantes.

Los grupos de apoyo relacionados con la adopción son un entorno genial en el cual el adoptado puede practicar el sinceramiento. Hay muchos ya existentes para todos los miembros de la tríada de la adopción (padres adoptivos, padres biológicos y adoptados). Los grupos diseñados específicamente para adultos que fueron adoptados de niños también están proliferando.

DA AMOR INCONDICIONAL

Ten presente que el adoptado llega a ti con muchos de los aspectos de su identidad en su sitio: los rasgos de su personalidad, sus talentos naturales, sus dones, sus tendencias, su inteligencia y su configuración psicológica. Tu trabajo consiste en promover y sacar a la luz lo que ya existe y asegurarle que es querido y encantador tal y como es. Thomas Malone (médico) y Patrick Malone (médico), en *The art of intimacy,* describen el impacto que tendrá tu amor en el adoptado una vez que se dé la integración.

> *«Te quiero» significa algo muy especial y muy concreto. Significa que yo te rodeo con el sentimiento que te permite (quizás incluso que te solicita) ser todo lo que realmente eres como ser humano*

en ese momento. Cuando mi amor es máximo, tú eres tú al máximo. Puedes ser bueno o malo, o ambos; ser tierno o estar airado, o ambos; pero eres tú, que es lo máximo que nunca podría pedir o esperar. Y así te experimento en toda tu belleza y toda tu fealdad. Pero tú, y no lo que espero o quiero, ni lo que tú crees que deberías ser, ni lo que fuiste diseñado para ser, sino realmente tú.

Ahora que sabes más sobre cómo ayudar a tu hijo a destapar las partes ocultas de sí mismo y a reconectarlas en forma de un conjunto, ha llegado el momento de que le empoderes para que adquiera un sentimiento de dominio sobre el caos y la vulnerabilidad del pasado.

14

«Necesito adquirir una sensación de poder personal»

Llegado a este punto comprendes el sentimiento de impotencia de muchos adoptados cuando piensan en su herida más profunda: verse apartados, parcial o permanentemente, de la gente que les dio la vida. Para ayudar a tu hijo a sanar esta herida, debes enseñarle continuamente a poseer su propio poder y a asumir un control sano sobre su propia vida.

Tu trabajo en este momento concreto de su desarrollo consistirá en emular al águila mientras enseña a sus crías a volar.

Las águilas construyen su nido a gran altura en las montañas o en un árbol. Toman palos y ramas para formar sus nidos y luego los recubren de cosas más blandas para sus polluelos. A medida que sus aguiluchos crecen, la madre arranca las cosas blandas que les hacían sentir cómodos. Mientras se quejan, ella aletea a su alrededor y la atención se desplaza de los dolorosos palos a un lenguaje en sus alas. Mientras despliega sus alas completamente, los polluelos quedan maravillados con su fortaleza.

Cuando están listos para aprender a volar, la madre se coloca en el borde del nido y baja las alas para que los aguiluchos puedan subirse a ellas. Entonces los coge, a uno de cada vez. Se montan en sus alas un rato, sintiéndose seguros y a salvo, y entonces, sin previo aviso, da una sacudida repentina y el aguilucho sale disparado, batiendo las alas mientras desciende hacia el suelo.

La madre vigila de cerca al aguilucho, y cuando ve que su cría ha alcanzado el punto de la desesperación, desciende en picado con la precisión de una bala y lo coge sobre su ala. El proceso se repite hasta que el aguilucho aprende a volar.

¿No pasó lo mismo contigo cuando preparaste tu nido para tu hijo adoptado? Pese a que tu nido estaba construido con los palos y las espinas de la pérdida, hiciste todo lo que pudiste para hacer que tu casa fuera lo más acogedora y cómoda posible. Te despertabas en plena noche, cambiabas pañales, calentabas biberones, tranquilizabas tras una pesadilla y te deleitabas con él día y noche. Cuando viste que se sentía seguro contigo y en tu nido, empezaste a retirar algunas de las cosas blandas de éste: «Fuiste adoptado». «No, no creciste en el vientre de mamá». «Sí, tu mamá biológica se fue».

En medio de su duelo, aleteaste por encima de él y empezó a percibir tu fuerza y tu capacidad para proteger. «Estoy aquí a tu lado». «Nunca te abandonaré». «Estás a salvo conmigo».

Ahora extiendes tu ala y él se sube encima. Voláis juntos por el cielo. Más alto, más alto y más alto. Mientras os eleváis, crece un deseo en su interior para desarrollar su propia sensación de poder. «Quiero aprender a volar como mamá».

Cuando estás segura de que ha visto el empoderamiento mostrado por ti, das una sacudida repentina y dejas que pruebe sus alas. Puede que vaya a preescolar, o quizás de visita a casa de un vecino. Mientras le dejas caer de tu espalda, los sentimientos caóticos y dolorosos del pasado inundan su alma. El abandono. La soledad. El pánico. Agita las alas furiosamente y realiza un valiente intento para volar con una sensación de poder personal, como haces tú. Cuando está desesperado desciendes en picado y lo llevas sobre ti de nuevo una vez más y él descansa sobre tu fortaleza.

Con el tiempo, tu hijo aprende cómo adquirir su propia sensación de poder personal. «¡Ya no soy una víctima!». «¡Tengo opciones!». «Puedo sentirme seguro a pesar de las pérdidas del pasado». «Puedo sentirme a salvo incluso estando lejos de aquellos que me quieren». «¡Puedo volar!».

Hay un delicado equilibrio que debes mantener al empoderar a tu hijo. A veces le protegerás, y otras retirarás las cosas blandas del nido y le animarás a que asuma nuevos riesgos y ponga a prueba sus alas. «¡Puedes hacerlo!». «Puedes hacer lo que quieras en la vida». «Tus opciones en el futuro son ilimitadas».

Para ayudar a tu hijo a hacer la transición desde el doloroso pasado hasta el esperanzador futuro, deberás enseñarle la importancia de los límites personales. Según los doctores Henry Cloud y John Townsend, los límites son lo que nos define. Definen lo que soy yo y lo que no soy yo. Un límite me muestra dónde acabo yo y dónde empieza otra persona.

En su libro *Boundaries,* los doctores Townsend y Cloud describen tres fases en el desarrollo de los límites: la eclosión (Mamá y yo no somos iguales), la práctica (¡Puedo hacer lo que sea!) y la reconciliación (No puedo hacerlo todo). Emplearemos en enfoque básico y lo aplicaremos en el caso de la adopción.

Los autores prologan su descripción de los límites afirmando que el establecimiento de vínculos afectivos de forma exitosa es la base para el desarrollo de todos los límites. Sin ello, los cimientos se agrietan y el sentimiento de seguridad y pertenencia se deteriora. Un bebé en esta etapa no tiene un sentido del yo. Piensa: «Mamá y yo somos iguales». A partir de esta fusión inicial con la madre, el bebé consigue su seguridad en el mundo.

Piensa en tu hijo por un momento. Independientemente de lo positivas que sean las circunstancias, la renuncia le robó esta relación simbiótica. No dispuso de un período extendido para reposar en esa relación segura y maravillosa después del nacimiento. La relación terminó antes de que aprendiese a confiar. Su ala se rompió antes de que tuviera la oportunidad de volar. Como los cimientos de tu hijo se agrietaron antes de que tuviera la oportunidad de establecer vínculos afectivos con su madre biológica y, por lo tanto, de desarrollar unos límites personales en forma de una progresión natural, deberás intervenir en varias etapas del desarrollo y enseñarle cómo identificarlos.

Hay tres límites básicos que tu hijo deberá aprender. El primero es «Mi mamá adoptiva y yo no somos iguales». Aprender cómo procesar la renuncia le permitirá apartarse del victimismo y acceder al empoderamiento. «Mi mamá biológica y yo éramos iguales, pero ahora no lo somos». «Su estilo de vida y sus decisiones no definen mi identidad». «Soy una persona independiente».

El segundo límite es «Mi mamá adoptiva y yo somos iguales». Este vínculo se establecerá entre tu hijo y tú mientras hacéis juntos el duelo por la adopción. «Yo también me siento triste porque no crecieras en mi vientre». «Me siento triste porque tuvieses que perder a tu mamá biológica».

«Mi mamá adoptiva y yo no somos iguales» es el tercer límite que tu hijo debe aprender. Después de toda tu obra de amor para ayudar al niño a establecer vínculos contigo y a sentirse seguro en la familia, deberás animarle a asumir riesgos y a explorar el resto del mundo. «Puedo hacerlo yo mismo» se convertirá, probablemente, en su frase favorita. Al final aprenderá que tomar la iniciativa es bueno. Lo que necesita, más que otra cosa en este momento, es que reproduzcas sus emociones. Entusiásmate con su deleite. Regocíjate con su euforia. «¡Vaya! ¡Qué buen trabajador eres!». «¡Eres realmente especial!».

Luego llega la etapa de «Puedo hacer cualquier cosa». Este desarrollo de los límites se da entre los dieciocho meses y los tres años de vida. Hay un regreso a la conexión contigo, pero esta vez a un nivel distinto. El niño empieza a interactuar contigo como un yo más independiente. Hay dos personas distintas (tú y él) con unos pensamientos y sentimientos diferentes. Llegados a este punto, ha obtenido una sensación de poder personal y comprende que ya no está indefenso en este mundo.

¿Qué pueden hacer los padres?

AYUDA A TU HIJO A SENTIRSE CON LA SUFICIENTE SEGURIDAD PARA DECIR «NO»

Pese a que, ciertamente, no se puede permitir a un niño tomar todas sus decisiones, debería poder hacer una «lista de noes» que sea escuchada y respetada. «No, no quiero hablar sobre la adopción hoy». «No quiero ser tratado de forma distinta a los niños no adoptados». «No quiero permitir que mi madre biológica regrese a mi vida».

Decir «No» ayuda al niño a diferenciar lo que le gusta y lo que no, le empodera para tomar decisiones y restaura una sensación de control sobre su propia vida.

PERMITE QUE TU HIJO SEPA QUE SU «NO» ES EXACTAMENTE IGUAL DE ENCANTADOR COMO SU «SÍ»

No te apartes emocionalmente de tu hijo cuando diga: «No». Permanece conectado. Esto puede que requiera de trabajo duro por tu parte, pero valdrá la pena a largo plazo.

Recuerdo una mañana, cuando mi hija, que tenía siete años, se fue al colegio enfadada. Después de que expresase su ira, le dije: «Te quiero igual cuando estás enfadada». Al principio se resistió, pero luego se fundió conmigo en un abrazo. La irresistible sensación de sentirse amado tal y como eres es suficiente para apoyar y empoderar a cualquiera.

ENSÉÑALE A PERDONAR

Muchos niños adoptados albergan amargura y resentimiento, y atribuyen su impotencia al abandono. Todavía no han empezado a saborear el poder del perdón.

El perdón no surge fácilmente, y a veces es el último paso en la sanación, después del odio, el dolor, la ira y las lágrimas. No debería confundirse con la negación ni debería aparecer prematuramente como forma de evadirse del dolor. El perdón es el camino para ver un propósito tras el dolor. Supone el inicio de la visión del tapiz desde la parte superior, y no desde la parte inferior. «Tu madre biológica probablemente gestionó sus circunstancias lo mejor que pudo. También experimentó dolor». «He perdonado a mi madre biológica del mismo modo en que espero que mis hijos me perdonen algún día».

¡CONFIRMA, CONFIRMA Y CONFIRMA!

Mis nietos gemelos, que tienen tres años, suelen anunciarme después de haber hecho algo: «¡Soy un tipo grande!». Yo me río y les digo: «¡Sí, por supuesto que sois unos tipos grandes!». Ése es exactamente el tipo de mensaje que tu hijo adoptado debe oírte pronunciar de todas las formas que puedas reunir.

Jean Illsley Clarke y Connie Dawson, en su sobresaliente libro *Growing up again*, sugieren siete afirmaciones específicamente diseñadas para el niño adoptado:

155

- Lo haré lo mejor que pueda para conectar contigo.
- Puedes contar conmigo.
- Puedes empujarme, pero no te permitiré rechazarme.
- Cuidaré de ti y de mí mismo.
- Ambos podemos contar la verdad y ser responsables de nuestras conductas.
- Te apoyo en tu aprendizaje de lo que puede que quieras saber sobre tu historia y tu herencia.
- Eres encantador tal y como eres.

A medida que tu hijo aprenda gradualmente a vivir su plenitud y su fortaleza personal, te quitarás un trabajo de encima. Le habrás dado a tu pajarillo herido el don de su propio poder.

Ahora que tu hijo ha aprendido que su ala rota puede curarse, ha llegado el momento de fortalecerle todavía más aprendiendo cómo reconocer y celebrar sus diferencias.

15

«Por favor, no digas que me parezco a ti o que me comporto igual que tú. Necesito que reconozcas y ensalces nuestras diferencias»

Recuerdo vagamente conversaciones sobre la adopción con mis padres, amigos y familiares. Las conversaciones eran infrecuentes y solían surgir cuando se mostraba una foto en la que aparecíamos mis padres y yo. El observador decía, nerviosamente: «¡Es igualita a ti! El mismo cabello oscuro, los ojos marrones y la piel aceitunada. Nunca dirías que fue adoptada».

Algo en esas afirmaciones no me sentaba bien, incluso siendo niña. Todo lo que sé es que me sentía avergonzada.

Allá en la década de 1940, cuando fui adoptada, asistentes sociales mal informados asesoraban a los padres adoptivos para que «Restaran importancia a las diferencias. Que simplemente le dijeran al niño que se parecía a ellos». No es infrecuente oír cómo se da este tipo de consejo en la actualidad, aunque se está reduciendo con el aumento de las adopciones transraciales e internacionales. ¡No hay forma en la que le puedan decir a una pareja caucásica que un bebé chino es igualito que ellos!

Independientemente de la década, el tipo de comentarios que oía no son más que negación disfrazada de adulación. Una negación de las raíces biológicas, del nacimiento y de la historia previa a la adopción. Una negación del propio niño.

Joanne Small, en un artículo publicado en la revista *Public Welfare,* describe esta negación: «El sentido básico del yo del niño se desarrolla alrededor de un sistema de creencias defectuoso. Se basa en la negación de la existencia de diferencias entre nacer en tu familia biológica o ser adoptado. Cuando se da esta situación, todos los miembros de la familia se vuelven, inconscientemente, codependientes en un proceso de negación. Este proceso es análogo a la codependencia que se da en las familias alcohólicas...».

Las afirmaciones como «Eres igualito a nosotros» pueden traducirse, para el adoptado, como:

- Debes ser como nosotros.
- Tu nacimiento y tu familia biológica son malos.
- Debes ser deshonesto con respecto a tus emociones.
- El simple hecho de ser tú mismo no es suficiente.

Puede que sientas escalofríos en este momento, recordando las afirmaciones bienintencionadas pero basadas en la negación que hiciste en el pasado. ¡Anímate! Tus errores no son fatales. Sin embargo, tómate algunos momentos para pensar detenidamente en algunas de las convicciones que puede que tengas que hayan provocado que transmitas, inintencionadamente, un mensaje invalidante a tu hijo.

En la mayoría de las culturas, muchos asumen que el parecido entre los miembros de una familia es una de las cosas más importantes que hacen que una familia sea una familia. El hoyuelo en tu barbilla, tus uñas curvadas hacia arriba y tus dedos de los pies regordetes, tu constitución baja y fornida y tus pies pequeños: todas estas similitudes entre los miembros de la familia nos hacen sentir que pertenecemos a ella, como si fuésemos parte de esa larga línea de antepasados que eran igualitos a nosotros. Nos proporcionan una sensación de seguridad, de conexión.

¿Pero qué hay de los adoptados que no tienen antepasados en los que fijarse ni similitudes físicas en las que deleitarse? ¿Dónde va a encontrar tu hijo adoptado un sentimiento de pertenencia entre un grupo de gente en una reunión familiar en la que nadie de los presentes se parece a él? ¿Qué hay de los adoptados a los que se les pide que lleven un plato de una receta étnica a la escuela y llegan a la conclusión de que no pueden llevar nada?

Las diferencias suponen un asunto importante cuando se trata de la adopción, ya que pueden ser una fuente de vergüenza o una invitación para conocer cosas sobre los lazos del adoptado con su pasado previo a la adopción. Permíteme compartir un buen ejemplo en el que las diferencias se convirtieron en una fuente de vergüenza.

Hace no mucho tiempo, un compañero adoptado y yo escuchamos a una madre adoptiva explicar cómo gestionó el color de piel diferente de su hija. Dijo que la niña, más o menos a los tres o los cuatro años, preguntó inocentemente: «Mamá, ¿por qué es mi piel marrón y la tuya blanca?». ¿La respuesta de la madre? ¡Agárrate! Esta respuesta es matadora:

«Tu piel es marrón porque sufriste un eccema cuando eras una bebé, cariño».

No hace falta decir que mi amigo y yo nos quedamos sin aliento, incrédulos.

Sigamos a esa niña hasta su edad adulta. ¿Cómo crees que considerará sus diferencias en su familia y en la sociedad? Dudo que se fijara en el color de su piel como su único rasgo de belleza. En lugar de ello, eso la haría sentirse señalada de una forma negativa.

Puede que estés pensando: «Nosotros no tendremos ese problema con nuestro hijo. Su color de piel es igual que el nuestro». Permíteme asegurarte que incluso aunque tu hijo no tenga unas diferencias físicas obvias como el color de la piel o una nacionalidad distinta, sigue habiendo diferencias biológicas en cada adoptado que deben ser reconocidas además de celebradas.

Tu hijo ansía saber que no ha «eclosionado» o que no es un extraterrestre en la Tierra. Se da cuenta de que procede de personas reales con personalidades reales y unas historias vitales que tomaron decisiones que tuvieron un impacto en su vida para siempre. Es normal que sienta una compleja mezcla de emociones mientras afronta el hecho de que es «diferente» a su familia adoptiva y que aparentemente le han separado de «su gente» para siempre. Por un lado, quiere honrar las formas en las que es independiente y singular con respecto a ti, y por el otro lado ansía la conexión con las partes que le faltan en relación con quién es. Las diferencias son en lo que nos centraremos ahora.

Diferencias que deben reconocerse

¿Cuáles son las diferencias físicas, emocionales y de personalidad entre tu hijo adoptivo y tú? ¿Te acude alguna a la mente inmediatamente? ¿Qué hay de las diferencias en la constitución corporal? Puede que seas bajo y fornido, mientras que tu hijo es larguirucho y desgarbado. ¿Qué hay del aspecto físico? Puede que tu hija sea tan guapa como una reina de belleza, mientras que tú eres tan anodino como la valla de un establo. ¿Qué hay de las diferencias en vuestros gustos musicales? Puede que a ti te encanten Beethoven y Bach, mientras que a tu hijo le guste la música *country* o el *rock and roll*. ¿Qué hay de las preferencias en cuanto a las actividades de ocio? Quizás tú disfrutes asistiendo a todo tipo de eventos deportivos, pero que tu hijo prefiera quedarse en casa y pintar un dibujo. ¿Qué tipo de alimentos os gustan? Puede que a ti te guste la cocina *gourmet* pero que tu hijo considere que unos espaguetis en lata sean el mayor de los caprichos culinarios, etc.

¿Cómo lidiáis vosotros, como padres adoptivos, con estas diferencias? ¡Sed honestos ahora! ¿Os sentís un tanto avergonzados cuando estas diferencias afloran? ¿Consideráis, en secreto, que vuestro hijo es un poco raro, y deseáis que sus intereses y gustos fuesen más parecidos a los vuestros? (¡No os riais! Muchos padres adoptivos se sienten así). ¿O reconocéis las diferencias, las aceptáis abiertamente y luego las celebráis?

La celebración de las diferencias empieza reconociéndolas. Para validar y afirmar la singularidad de tu hijo, debes *ver* a tu hijo de verdad. Dedica tiempo a estudiarle diligentemente. No de una forma negativa y como mirándole por encima del hombro, sino de una forma que denote lo importante que es él para ti. Esto le transmitirá que sus diferencias no son algo de lo que avergonzarse, sino que son señales de cariño.

¿Qué diferencias deberías buscar? Aquí tenemos algunas:

- ¿Cuáles son sus gustos en lo tocante a la comida?
- ¿Qué tipo de amigos elige?
- ¿Es su personalidad optimista o pesimista?
- ¿Qué le gusta hacer en su tiempo libre?
- ¿Qué tipo de psique posee?
- ¿Qué cosas le asustan?
- ¿Cómo recibe las muestras de amor y afecto?
- ¿Qué tipo de música le gusta?
- ¿Es su cabello rizado o liso?
- ¿Es despreocupado y tranquilo o es nervioso e intenso?

Mientras observas a tu hijo detenidamente, no sólo aprenderás cuáles son sus preferencias actuales, sino también las preferencias o las tendencias que desarrolló durante su vida prenatal con su madre biológica. Creo que estas similitudes son una misteriosa continuación de la familia biológica que, al ser trasladadas a la familia adoptiva, constituyen las diferencias entre el niño y sus padres adoptivos. Un adoptado lo expresó muy bien: «Hay partes de mí que no conectan con mis padres adoptivos. Me pregunto de dónde proceden estas pequeñas y extrañas peculiaridades».

En cuanto a mí misma, siempre me ha encantado el kétchup. Kétchup sobre huevos revueltos. Kétchup sobre un filete. Kétchup sobre prácticamente cualquier cosa. Los que me conocen bien se aseguran de que haya una botella de kétchup en la mesa siempre que voy a su casa a comer. Es una preferencia intensa, innegable e integrada en mí que me ha acompañado durante toda mi vida.

Mis padres adoptivos no compartían este gusto particular, y siempre me sentí rara en la mesa. Si mis padres adoptivos hubiesen tenido más conocimientos sobre cómo reconocer mi realidad previa a la adopción, podrían haber llegado a la conclusión de que se trataba de un vínculo con mi historia biológica. Esta diferencia podría haber sido entonces reconocida y celebrada. «¡Me pregunto, a quién en tu familia biológica, le encanta el kétchup!», podrían haber dicho. Ese comentario habría reconocido las influencias biológicas sobre mis preferencias actuales.

Hace siete años, en un reencuentro con mi madre biológica, ella y yo estábamos cenando en un restaurante lujoso. Pese a que resultaba embarazoso, pedí una botella de kétchup para acompañar mi filete. Después de que me la trajeran, me sorprendió ver que mi madre también vertía kétchup sobre su filete. Fuimos las únicas dos en una mesa de ocho personas que comieron kétchup esa noche. ¡No podía creérmelo! Estoy convencida de que el antojo que mi madre biológica y yo compartimos es una herencia de nuestras raíces biológicas.

El efecto del reconocimiento sobre el adoptado

Aceptar y participar de las preferencias de tu hijo de formas sencillas le enseñará una importante lección: las diferencias no significan que sea inferior. En lugar de ello son la prueba de que es único y maravilloso.

Puede que te estés preguntando: «¿Pero no hará, la mención a la familia biológica, que mi hijo se sienta confuso? ¿No le resultará molesto que le recuerden la conexión biológica con la gente a la que ha perdido? ¿No hará, el hecho de que saquemos a colación las diferencias, que le distanciemos de nuestra familia?».

La respuesta a las anteriores preguntas es «No». Reconocer las diferencias sólo servirá para validar la realidad emocional que existía mucho antes de que le vieras por primera vez. Le estarás diciendo lo que ya sabe que es verdad en lo más profundo de su corazón.

La doctora Betty Jean Lifton dice en *Journey of the adopted self*: «Cuando los padres adoptivos niegan la realidad de una diferencia entre un hijo biológico y el hijo adoptado, piensan que están asegurándole al adoptado su amor, pero lo que en realidad están haciendo es negar la realidad del adoptado».

Sé consciente de que al reconocer las diferencias puede que las emociones reprimidas de tu hijo y sus preguntas enterradas desde hace mucho tiempo salgan a la superficie. El darse cuenta pronto de las diferencias se cruzará con la incipiente conciencia de tu hijo de que ser adoptado significa tener dos pares de padres (uno al que se parece y otro al que no).

Puede que estés pensando: «Estos pensamientos son demasiado para mí, ¿dos madres y dos padres? ¡Nosotros somos su madre y su padre! Nosotros somos los que le secamos las lágrimas y le cambiamos los pañales sucios en plena noche».

Oigo lo que decís, y todo ello es verdad. Sin embargo, la realidad de tu hijo es que *sí* tiene dos pares de padres: uno que le dio la vida y otro que le dio un hogar, una educación y amor. Ambos son cruciales. Reconocer las diferencias le transmite que su vida pasada (antes de la adopción) es algo importante para ti. No tenderás una trampa a tu hijo para que llegue a la conclusión a la que llegó este hombre adoptado: «La herencia genética era un tema tabú. Lo que más me molestaba era que mis padres no hablaban de ello. Cuando surgía el tema, se cambiaba de conversación de inmediato. Entonces me lanzaban esa mirada "de lástima" que me pone enfermo».

Recuerda que el reconocimiento de las diferencias es la base para una sana autoestima en tu hijo. Le permite saber que su pasado no debería ignorarse, que vale la pena y que es la clave para el presente, además de para el futuro.

¿Qué pueden hacer los padres?

NO HAGAS EXCESIVO HINCAPIÉ EN LAS DIFERENCIAS

Al reconocer las diferencias, no hagas excesivo hincapié en ellas. Sacar a colación las diferencias debería hacerse sólo según se crea oportuno y en momentos que resulten instructivos para el niño.

Además, ten cuidado para no poner demasiado énfasis en las diferencias del niño a expensas de tu *propia* herencia y tus tradiciones. Si lo haces, lo mismísimo que estás intentando conseguir (la validación de las diferencias) tendrá un efecto bumerán y tu hijo sentirá vergüenza («Soy diferente… de una forma negativa»).

ENSEÑA A TU HIJO A CELEBRAR LAS DIFERENCIAS

Toda esta charla sobre el reconocimiento de las diferencias puede sonar muy complicada y, ciertamente, lo es. Es uno de los retos más difíciles a los que se enfrentan los padres adoptivos, pero puedes hacerlo. Estás escogiendo educarte a ti mismo sobre cómo criar a un hijo adoptivo, y eso será útil para ayudar a tu hijo a abrirse camino entre estas procelosas aguas. El objetivo definitivo para vosotros, como padres adoptivos, consiste en enseñar a vuestro hijo a celebrar sus diferencias no sólo mientras viva bajo vuestro techo, sino también mientras haga su transición hacia la edad adulta.

He escrito una parábola que puede servir como herramienta para enseñar a tu hijo a celebrar sus diferencias. Antes de explicarle esta historia tu hijo, compra tres cintas: una roja, una verde y una morada. Entonces, con tus propias palabras o con las palabras de la siguiente parábola, háblale de su doble herencia.

> *Hace mucho mucho tiempo, en una eternidad pasada, Dios decidió que habría una hermosa trenza hecha con cintas relucientes: una trenza tejida en los lugares secretos, una trenza llamada «adopción».*
>
> *Cada cinta era de un color distinto. Una de un color morado oscuro, la otra de un color verde intenso, y la tercera de un rojo brillante.*
>
> *Cada cinta tenía un propósito, cada una de ellas una contribución vital que hacer, y cada una de ellas una posición única con respecto a las otras dos cintas.*
>
> *La cinta verde representa a la familia biológica y su contribución profunda, aunque frecuentemente olvidada, en la vida del adoptado.*
>
> *La cinta morada representa a la familia adoptiva, escogida para apoyar a ese don divino de la vida transmitido por la familia biológica.*
>
> *La cinta roja representa al adoptado: una singular fusión de la herencia y la educación en forma de un maravilloso ser humano con un impresionante potencial.*

Luego explícale, en un lenguaje adecuado para su edad:

> *El reto para ti, como adoptado, es aprender cómo entrelazar las cintas verde, morada y roja. No es una tarea fácil. Sin embargo, cuanto más sepas sobre tu familia biológica y la adoptiva, tanto si ese conocimiento es positivo o negativo, mayor será tu potencial para el crecimiento.*

Permite que el adoptado haga una trenza con las tres cintas (proporciónale ayuda si es pequeño) y ayúdale a recordar las distintas cosas que ha recibido, tanto positivas como negativas, de su familia biológica y su familia adoptiva.

Aquí tenemos algunas ideas para animarle a pensar:

- Una piel preciosa procedente de mi madre biológica.
- Creatividad y amor por el arte procedente de mi familia biológica.
- Sentimientos de rechazo y abandono procedentes de mi madre biológica.
- Una enfermedad genética procedente de mi familia biológica.
- Un hogar y una familia que me quiere procedentes de mi familia adoptiva.
- Un sentimiento de pertenencia procedente de mi familia adoptiva.
- Hermanos y hermanas procedentes de mi familia adoptiva.

Luego ayúdale a verbalizar cómo estas cosas le han ayudado a convertirse en la persona que es en la actualidad:

- La preciosa piel procedente de mi madre biológica me ha ayudado a aceptar mi cuerpo.
- La creatividad y el amor por el arte procedentes de mi familia biológica me han animado a ir en pos de mis gratificantes empeños artísticos.
- Los sentimientos de rechazo y abandono procedentes de mi madre biológica me han animado a mirar más allá de mis primeras experiencias para encontrar mi sentido de la autoestima.
- La enfermedad genética procedente de mi familia biológica me ha forzado a buscar la ayuda médica que necesito.
- El hogar y la familia procedentes de mi familia adoptiva me han proporcionado un sentimiento de seguridad.
- El sentimiento de pertenencia procedente de mi familia adoptiva me ha ayudado a asumir riesgos y a tender lazos con los demás.

Esta parábola honra a todos los implicados en el proceso de adopción.

RECONOCE Y AFIRMA LAS DIFERENCIAS ÉTNICAS Y RACIALES

Si has adoptado internacional o transracialmente, quizás tengas unas preocupaciones especiales sobre cómo reconocer las diferencias. Existen muchas formas en las que puedes aceptar y celebrar la herencia genética de tu hijo.

- Volver a visitar su patria/a sus familiares.
- Comprar libros sobre su patria/herencia.
- Cocinar platos tradicionales de su cultura.
- Encontrar orfanatos y casas de acogida en las que hubiera vivido antes de su adopción.
- Coser trajes o vestidos tradicionales de su país/etnia.
- Poner una flor en la tumba de un antepasado de su familia biológica.
- Comprar muñecas con el mismo tono de piel que el suyo.
- Conservar la ropa que llevaba al llegar a tu país en unas cajas especiales para que así pueda sacarlas de donde están guardadas y mirar su contenido.
- Conservar su segundo nombre de su país de origen.
- Obtener una carta de la agencia de adopción de su país de origen en la que se explique que fue dado en adopción no porque padeciera ningún defecto, sino porque su madre no podía criarlo.

Recomiendo encarecidamente el maravilloso libro *Brian was adopted,* de Doris Sanford y Graci Evans. Trata, candorosa y empáticamente, sobre todos los problemas de la adopción internacional.

Reconocer las diferencias entre tu hijo y tú requiere de un amor sacrificado por tu parte. Significa dejar a un lado todos los sentimientos de sobreprotección, celos y miedo porque tu hijo quiera, algún día, reunirse con sus padres biológicos. En esencia significa dar libertad a tu hijo continuamente y ponerle en primer lugar.

Mientras enseñas a tu hijo a celebrar sus diferencias, él estará listo para aprender cómo ser él mismo en tu familia y en el mundo. A continuación, hablaremos sobre cómo puedes animarle en este proceso.

16

«Permíteme ser yo mismo, pero no permitas que me desconecte de ti»

Todos los niños ansían diferenciarse de sus padres y luego formar nuevos lazos con ellos que fomenten una creciente individualidad y madurez. Los niños quieren y necesitan convertirse en ellos mismos. Los niños adoptados también buscan autonomía mientras, al mismo tiempo, necesitan un lugar seguro en el que verbalizar las emociones conflictivas que suele evocarles el hecho de ser adoptados.

Para el niño adoptado, la tarea de identificar es singular además de compleja, ya que implica, una vez más, la doble identidad. A cada paso que el adoptado da hacia la independencia, éste se vuelve más consciente de su pasado anterior a la adopción. Para él, «separarse» de ti puede parecer más traumático porque ya se vio de sus padres biológicos separado contra su voluntad, y éstos nunca regresaron (a no ser que se tratara de una adopción abierta, por supuesto). Ese *shock* inicial le predispuso a batallar con la separación sana más que un hijo no adoptado.

La lucha hacia la autonomía

Hay varias señales por el camino que te alertarán del hecho de que tu hijo está intentando dar otro paso para ser él mismo, alguien distinto a ti. Puede que emita afirmaciones desafiantes como, por ejemplo: «Mi madre *de verdad* me permitiría hacer esto». Puede que empiece a pensar más en su familia biológica: «Me pregunto si todavía siguen vivos». «Me pregunto si les gustaría». «Estoy interesado en saber más cosas de ellos». «Desearía poder conocerlos».

Pueden salir a la superficie preguntas fundamentales sobre su identidad. «¿Quién soy?». «¿Quién soy en relación con la adopción?». «¿Hay un objetivo en mi vida? Si es así, ¿cuál es?».

Puede que las emociones se disparen. Robin, de dieciséis años, decía: «Cuando alcancé la adolescencia, mi necesidad de independencia llegó de un día para otro y me aparté de mi familia y me volví promiscua. Estaba enfadada con los horarios límite que me imponían mis padres». Los quinceañeros puede que ataquen verbalmente y que prueben con distintas amistades (unas amistades distintas al tipo que tú desearías) en busca del tipo de relaciones que realmente quieren.

Prepárate para otros comentarios que indiquen el movimiento de tu hijo hacia la autonomía:

- «¿Por qué es mi piel distinta a la tuya?».
- «Las personas de una familia *de verdad* encajan».
- «Vosotros no sois mi familia *real*».
- «Tú simplemente eres mi madre *adoptiva*».
- «Tú eres algo así como mi padre».
- «Me pregunto qué aspecto tienen mis *verdaderos* padres».
- «Las familias *de verdad* están definidas por los lazos de sangre».
- «Estoy embarazada».

A veces, las afirmaciones como éstas se sueltan debido a la ira, ya que la rabia suele formar parte del proceso de un niño adoptado de afrontar las partes de su vida y de sí mismo que ha perdido. Si hay momentos en los que tu hijo se vuelve hostil, quizás te veas tentado a dudar de ti mismo y de tus capacidades educativas, pero resístete a esa tentación. Recuerda que la agitación no tiene nada que ver contigo ni con la crianza de tu hijo, sino que tiene todo que ver con que tu hijo llegue a conocerse de forma más completa.

Lo que el adoptado está intentando transmitir

Date cuenta de que debajo de las emociones explosivas, las afirmaciones sorprendentes y los problemas de identidad hay cuestiones relacionadas con el pasado de tu hijo previo a la adopción. Está intentando integrar esto en su vida actual. Tiene una identidad multifacética que entretejer, y frecuentemente tiene problemas para transmitirlo.

Aquí tenemos algunos ejemplos de lo que tu hijo podría estar intentando transmitir:

- Las familias se definen por los lazos de sangre./*¿A qué lugar pertenezco?*
- Tú eres, simplemente, mi madre *adoptiva.*/*¿Quién es mi madre biológica?*
- Vosotros no sois mi familia *de verdad.*/*Me estoy dando cuenta de que tengo una doble herencia.*
- Me pregunto qué aspecto tiene mi familia biológica./*¿Me parezco a alguien?*
- Mi madre *de verdad* me permitiría hacer eso./*Tengo una madre imaginaria.*
- Mi madre biológica renunció a mí porque me quería./*¿Tú también renunciarás a mí? ¿Es realmente algo bueno ser amado?*
- Mi otra mamá me dio en adopción porque era un bebé malo./*¿Me quería mi madre biológica?*
- Tú eres algo así como mi padre./*Me estoy dando cuenta de que tengo dos papás.*
- No quiero explicar la historia de mi adopción en el instituto este año./*Quiero ser «normal» (no adoptado). Me siento triste.*
- Estoy embarazada./*Estoy intentando conectar con mi madre biológica de la única forma que sé. Tengo unos sentimientos de pérdida no resueltos.*

Ojalá los padres pudieran tener tanta confianza en la crianza y la educación de sus hijos como para que pudieran permitir que estas afirmaciones no les afectaran; pero lo cierto es que estas osadas declaraciones suelen golpearlos en su punto más vulnerable. Fisher y Watkins describen, en *Talking with young children about adoption,* esta vulnerabilidad: «Para muchos padres adoptivos, este punto débil es el miedo de que, al carecer del lazo de la sangre, el niño no los diferenciará, simplemente, de sus padres biológicos, sino que los abandonará de alguna forma definitiva. *Los padres temen que el niño los deje huérfanos».*

¿Podría este miedo describirte de algún modo? ¿Si buscaras honestamente en tu interior, tendrías que admitir que estás muerto de miedo de perder a tu querido hijo?

Permíteme asegurarte que tu miedo es normal. Que comprendas esto sobre ti mismo es vital si quieres ser ese refugio emocional para tu hijo y fomentar su avance positivo y necesario hacia la individuación.

¿Qué pueden hacer los padres?

TRANQUILIZA A TU HIJO

Como el proceso normal en la niñez de la individuación puede, en ocasiones, resultar difícil para tu hijo, necesita que le proporciones una seguridad extra para que sepa que estarás ahí a su lado si se siente sobrepasado. Simplemente unas pocas palabras que reconozcan su realidad emocional le consolarán: «Sabemos que las situaciones nuevas te suelen resultar difíciles. Sólo queremos recordarte que puedes llamarnos siempre que te sientas agobiado o solo. Estaremos ahí para ti».

Las palabras tranquilizadoras también pueden comunicarse de formas menos directas. Cuando nuestras hijas estaban creciendo, en nuestra familia solíamos dejar notas en las almohadas de los demás cuando había un mensaje especial que comunicar.

El tacto puede ser otra forma de mostrar tu comprensión. Un brazo alrededor de su cintura, tocarle en el hombro o un guiño transmitirán lo que a veces las palabras no pueden.

CONSERVA LA CALMA

Cuando las emociones disparadas y las afirmaciones sorprendentes se suelten o se arrojen, intenta mantener la calma. Esto transmitirá una fortaleza tácita a tu hijo y le ayudará a gravitar alrededor de la plenitud en lugar de alrededor de la rabia. Si es capaz de arrastrarte hacia el interior del ciclón de las emociones, el caos habrá vencido.

Recuerdo la ilustración de una persona que está intentando ayudar a otra que se encuentra en un pozo profundo. El que acude a ayudar no baja al pozo. En lugar de ello se sujeta a un objeto sólido y extiende el brazo hacia el que se encuentra en el pozo, ayudándole gradualmente a salir. «Soy consciente de que estás pasando por un momento difícil ahora. Si quieres hablar, cuando sea, estoy aquí a tu lado». «¿Cómo puedo ayudarte? Recuerda que estoy en tu mismo equipo».

VALORA LA CURIOSIDAD DE TU HIJO

Puede que el niño pequeño pregunte sobre las mamás biológicas. El niño en edad preescolar muestra curiosidad por las diferencias raciales. «Soy como mamá. Tengo el cabello corto y rizado». El niño que va al jardín de infancia podría preguntar: «¿Tú también eres adoptado?». Los doctores Brodzinsky y Schechter, en *Soy adoptado,* dicen que alrededor de los ocho años, muchos de los sentimientos positivos sobre la adopción cambian. «Pese a conservar muchos sentimientos positivos sobre la adopción, los niños mayores estaban ahora empezando a reconocer y experimentar algunos de los pensamientos más difíciles y confusos sobre el hecho de ser adoptados (la mayoría de los cuales estaban ligados a un sentimiento de pérdida y a sensaciones de ser diferentes)».

Resístete también a verte amenazado por su curiosidad acerca de su familia biológica. No tiene nada que ver con su amor por ti. No pierdas la objetividad. Sólo se trata de una indicación de que está intentando dar otro paso positivo hacia la diferenciación de sí mismo y de su realidad con respecto a ti y su realidad posterior a la adopción. Hazle preguntas exploratorias cuando exprese la más mínima insinuación de curiosidad. Esto le proporcionará permiso para sintonizar con sus progenitores, además de con los adoptivos, completando así su identidad como independiente de la tuya: plena por derecho propio.

DÉJALE A SU AIRE

El mayor regalo que puedes hacerle a tu hijo mientras aprende a avanzar hacia la autonomía es la actitud de dejarle a su aire.

Recuerdo cuando mi hija era una niña muy pequeña y llegó el momento en el que pensé que lo mejor para ella era dejar de darle la última comida del día y que aprendiera a dormir toda la noche del tirón. Lloró y lloró, y me acerque a su habitación caminando de puntillas, dándole suaves palmaditas en la espalda hasta que se dormía. Aliviada, me di la vuelta cautelosamente para irme, pero lo que oí fue otro llanto que me heló la sangre. En muchas ocasiones me rendí debido a la desesperación y la mecí durante el resto de la noche.

Luego llegó esa noche desgarradora en la que decidí: «¡Se acabó! Esta noche la voy a dejar llorar y no iré a consolarla. Sólo así aprenderá a dormir toda la noche del tirón». Y así estuve dando vueltas en la cama toda la noche, escuchándola quejarse y llorar.

¡Qué momento tan difícil es ése para un padre! Tuve que hacer lo que era mejor para mi hija: dejar que llorara, dejar que aprendiera a pasar la noche sin un biberón ni consuelo, y dejarla descubrir que estaría ahí cuando se despertara por la mañana.

Tú también te enfrentarás a momentos estresantes mientras tu hijo despega progresivamente por su cuenta; pero como eres un padre inteligente, sabrás cuándo reconocer el miedo que provoca un nuevo paso adelante mientras, al mismo tiempo, le aseguras que no permitirás que quede aislado de ti.

Hay otro asunto relacionado con que tu hijo se convierta en él mismo: el tema de la privacidad. Probablemente ya sepas que tu hijo necesita tu respeto total en esta área. El siguiente capítulo te proporcionará más conocimientos sobre cómo aportarle este valioso bien básico.

17

«Por favor, respeta mi privacidad con respecto a mi adopción y no se lo expliques a otras personas sin mi consentimiento»

Aunque la franqueza en una adopción es una base positiva, tu hijo necesita saber que no revelarás su estado de adoptado indiscriminadamente. Ya hemos hablado del valor de reconocer y valorar la singularidad de tu hijo como persona, pero deberás tener cuidado para no diferenciarle de la familia o hacerle «distinto» a ojos de los demás. Todos los niños anhelan ser simplemente como los otros niños, ya que ser «raro» es como una sentencia de muerte.

Hace poco tuve un encuentro con una madre adoptiva, una conocida que yo sabía que había adoptado a un niño cuatro años antes. Cuando los saludé a los dos en una tienda, ella soltó sin complejos: «Somos realmente abiertos con Josh sobre su adopción. Le digo a toda la gente que conozco que es adoptado».

Se me encogió el corazón. Estoy segura de que la madre nunca imaginó que pudiera estar fomentando sentimientos y creencias negativos en su hijito, y no tengo la seguridad de que lo estuviera haciendo; pero para un niño, un anuncio tan público y prácticamente displicente sobre su estatus de adoptado puede hacer que se sienta incómodo, expuesto y diferente de una forma *rara*. La revelación por parte de la madre puede, inintencionadamente, traducirse para el niño como: «Tú eres distinto al resto de los miembros de la familia. Como eres diferente, no encajas realmente». Esto también puede someterle a presión para que tenga éxito, sea «especial» y viva a la altura de su estatus de «niño elegido».

Beverly, una adulta que fue adoptada siendo niña, dijo: «Nunca me presentaron como su hija adoptada, pero si lo hubieran hecho, eso no me habría gustado para nada. No me gusta ser especial, diferente o que me señalen».

Al igual que no presentarías a un hijo de padres divorciados como «un hijo del divorcio» o al hijo de una madre soltera como «el hijo de una familia monoparental», identificar al niño que se ha unido a tu familia a través de la adopción como «el hijo adoptado» puede ser perjudicial. Puede reabrir heridas y poner una etiqueta estigmatizante en un corazón que puede que sea ya frágil.

Mary Watkins y Susan Fisher explican en *Talking with young children about adoption*: «Cuando un niño en edad preescolar grita: "¡No quiero ser adoptado!", el padre debe recordar que no está atacando a la institución de la adopción, ni criticando a sus padres, sino que está hablando de las realidades centrales de su mundo preescolar: que no quiere ser diferente a sus compañeros de ningún modo (a no ser que, por supuesto, la diferencia mejore la forma en la que es considerado por sus compañeros, como por ejemplo si es el único niño que tiene un poni)».

El reverendo hermano Richard Gilbert, adoptado y especialista en el campo de la pérdida, dijo en un artículo para la revista *Jewel Among Jewels Adoption News*: «Siempre que me presentan a una familia y los padres señalan a uno de sus hijos como "el adoptado", me entran escalofríos y me pregunto qué cicatrices habrá en el corazón de ese niño».

Así pues, ¿qué puedes hacer para asegurarte de que las diferencias de tu hijo sean valoradas sin «marcarle» como adoptado de una forma que quizás le provoque daños? El secretismo por el secretismo no es la respuesta: eso no hace sino caer en el juego del ciclo disfuncional interpretado en muchas familias adoptivas durante generaciones. No obstante, la privacidad es indudablemente oportuna. La adopción de tu hijo no es algo que debiera anunciarse sin una gran sensibilidad hacia la necesidad de que sea un miembro de pleno derecho de tu familia y su derecho a la confidencialidad por lo que respecta a su historia.

Respetar la confidencialidad

La confidencialidad implica privacidad, intimidad y confianza. Decir que la confidencialidad entre un hijo adoptado y sus padres es de vital importancia no es una exageración. Sobre esta base se construye la confianza, la comunicación honesta y la libertad de expresar pensamientos, sentimientos y convicciones personales.

Creo que la razón por la cual la mayoría de los niños adoptados se sienten incómodos cuando los presentan como adoptados es que hay una evidente violación de sus límites personales. Ser adoptado es un asunto muy privado para la mayoría, y muchos lo comparten sólo con un grupo muy reducido de personas.

Creo, personalmente, que la única persona de fuera de tu familia inmediata y lejana y de tu círculo íntimo de amigos que necesita saber sobre la adopción de tu hijo son su médico y su psiquiatra o terapeuta. Su profesor no necesita saberlo a no ser que en la escuela se encargue un proyecto especial sobre las familias, como, por ejemplo, un árbol genealógico.

Aquí tenemos algunas formas concretas en las que puedes transmitir tu respeto por la privacidad de tu hijo con respecto a su historia:

- «Te doy mi palabra de que no le diré a los demás que eres adoptado sin tu permiso». En el caso de las adopciones transraciales, podrías decir que no hablarás sobre el hecho de que es adoptado ni de los detalles sobre su adopción.
- «Tú decides sobre a quién quieres que se le revele esta información». Si el estatus de tu hijo adoptivo es obvio debido a su aspecto, puedes seguir asegurándole que los detalles no tienen por qué serlo. Tu hijo sigue estando al mando. Recuérdaselo frecuentemente.
- «Le hablaré al médico acerca de tu adopción. Debe saberlo para que así puedas hablar abiertamente con él sobre la adopción. Me

gustaría contar con tu permiso con antelación para compartir esta información con él».

- «Te prometo que nunca te presentaré como mi hijo adoptado. Adoramos el día en el que te convertiste en nuestro hijo, pero no queremos hacer que eso suene como si fueras menos hijo nuestro de lo que sería un hijo biológico».

Hacerle estas promesas a tu hijo con antelación le aportará confianza con respecto a sí mismo cuando estéis con otras personas. Podrá confiar en ti, sabiendo que has llegado a un acuerdo en lo tocante a su historia. Después de todo, tú eres su compañero de viaje y una enorme fuente de consuelo y ánimo para él a lo largo de cada paso del camino. Necesita poder confiar en ti a todos los niveles.

¿Qué pueden hacer los padres?

HABLAR SOBRE LA ADOPCIÓN EN ENTORNOS SEGUROS

Enséñale a tu hijo que hay un momento y un lugar para todo. Ayúdale a conocer los lugares en los que resulta más adecuado sacar a colación el tema de la adopción. «Es mejor que hablemos de la adopción cuando podamos estar solos». «Permíteme saber con antelación que quieres hablar sobre esto y reservaré un tiempo especial sólo para nosotros». Enséñale a tu hijo el concepto de la privacidad exponiéndoselo.

GESTIONAR DE FORMA EFICAZ COMENTARIOS INAPROPIADOS POR PARTE DE OTROS

Puede que ya hayas descubierto que no es infrecuente que tu familia se encuentre en el lado receptor de comentarios insensibles o abiertamente crueles sobre la adopción de tu hijo. «¿Fue adoptado?». «¿Es él el *adoptado*?». «¿Es el que os llegó desde Ecuador?». La forma en la que gestionéis estos comentarios le mostrará a tu hijo cómo marcar límites con otras personas en el futuro.

A continuación tenemos algunas preguntas y respuestas que te proporcionarán ideas en el caso de preguntas inadecuadas. Expónselas y enséñaselas tu hijo:

Pregunta: Tu hija te acompaña al supermercado y un conocido se acerca y te pregunta: «¿Es ella la *adoptada*?».

Respuesta: En lugar de mostrarte ofendido y a la defensiva, recuerda tu promesa a tu hija para mantener la confidencialidad. Muéstrale elegancia en medio de la arrogancia y límites en medio de la agresividad. Puedes decirle, de forma amable y elegante: «¿Por qué lo pregunta, señora Purdee?». Luego, simplemente, cambia de tema.

Pregunta: Una secretaria de tu iglesia te llama para saber sobre el compromiso religioso venidero de tu bebé. Después de obtener la fecha de nacimiento de tu hijo, te pregunta si quieres que se anuncie que tu hijo es adoptado.

Respuesta: Explícale, amablemente: «Gracias, señora Smith. Agradecemos su sensibilidad, pero nos gustaría que la anunciación de nuestro hijo fuera simplemente igual que las demás». Usa las conversaciones como ésta como oportunidades para instruir a los demás sobre la adopción mediante tu actitud y tu reacción.

Pregunta: Un niño de doce años se acerca a tu hijo en el comedor del colegio y pregunta: «¿Fuiste adoptado?».

Respuesta: «¡Qué interesante pregunta! ¿Cuándo se te ha ocurrido?». Si tu hijo no quiere que este niño concreto acceda su vida privada, entonces puede poner una barrera emocional y negarse a hablar sobre ello. Si el otro niño sigue insistiendo con el tema, entonces tu niño podrá alejarse de él.

Pregunta: Un compañero le pregunta tu hijo: «Quiénes son tus padres *reales*?».

Respuesta: «Los mismos que los tuyos: aquellos con los que vivo cada día». Esta respuesta resultaría adecuada para que el adoptado la empleara con los conocidos, desconocidos u otras personas con las que no quiera compartir su historia. El niño adoptado no necesita ocultar su experiencia con secretismo e insinuaciones a no ser que decida hacerlo en ciertas situaciones que no sienta como seguras o adecuadas.

Pregunta: Los niños del jardín de infancia han formado un círculo en el patio y no dejan que tu hija entre en él. Se burlan, diciendo: «¡Jill es adoptada! ¡Jill es adoptada!».

Respuesta: «¿Y qué os importa?», podría responder Jill mientras, simplemente, rompe la cadena de manos y se une al juego.

Pregunta: La profesora de secundaria de tu hijo le pregunta, durante una lección de estudios sociales si le gustaría compartir su singular árbol genealógico con la clase (tu hijo ya le había hablado a su profesora sobre su adopción).

Respuesta: «No me apetece hablar de eso hoy, señora _____, pero gracias por preguntarme».

HONRA A TU HIJO

Los hijos adoptados se sienten diferentes porque *son* distintos a ti, biológicamente hablando. También son diferentes debido a la forma en la que se convirtieron en parte de tu familia. Éstas son cosas de la vida: hechos que no puedes cambiar y realidades que no puedes arreglar. Tu hijo no eres tú, se mire por donde se mire. Sin embargo, aceptar, honrar y valorar sus diferencias dista mucho de retransmitirlas a todo el mundo.

Asentar unos límites positivos será un regalo muy apreciado por tu hijo adoptivo. Le dirás:

- «Respeto tu privacidad».
- «Soy considerado con tus límites».
- «Estaré ahí a tu lado en los momentos dolorosos en los que sientas que no encajas».

A continuación, vamos a hablar de un asunto que puede que te sorprenda.

La mayoría de los niños espera su cumpleaños con gran ilusión…, pero puede que éste no sea el caso para tu hijo adoptado.

18

«Puede que los cumpleaños
me resulten difíciles»

Es un luminoso y soleado día de agosto del año 1950. En un patio trasero de la calle Oakland están en marcha los preparativos para una fiesta de cumpleaños para una niña de cinco años llamada Sharon Lee.

Ésa soy yo.

Mamá y papá desplazan la mesa de pícnic hacia un lugar con sombra debajo del gran roble y luego la cubren con un colorido mantel de papel. Mientras mamá remueve el refresco instantáneo en la jarra verde con lunares blancos, su mente divaga y regresa al día de la adopción y lo emocionados que estaban ella y papá cuando llegué para vivir con ellos cuando sólo tenía diez días. Mamá está decidida a hacer que éste sea un cumpleaños especial, tal y como hace cada año. Nada, sino lo mejor, bastará para su hija.

Los niños llegan a la fiesta, uno a uno, vestidos con sus mejores ropas de domingo, cada uno de ellos con un regalo. Las risitas inundan en ambiente. Los perritos calientes y las patatas fritas se sirven al poco rato y luego llega el momento del pastel. Mamá enciende rápidamente las velas en la cocina y saca la tarta fuera, mientras canta «Cumpleaños feliz, cumpleaños feliz, te deseamos, querida Sherrie, cumpleaños feliz». Mis amigos se unen al cántico.

Mientras mamá coloca la tarta delante de mí, mis ojos se abren como platos. Me levanto, de un salto, de mi silla frente a la mesa de pícnic y salgo corriendo hacia la puerta de atrás, llorando.

Puede que estés pensando: «¡Qué extraño comportamiento! ¿Qué niño no querría estar en tu puesto? Lo tenías todo».

Tal y como descubrirás pronto, esto sólo era el principio.

Patrones que comienzan en los primeros años de vida

La anterior reacción se convirtió en mi patrón para los posteriores cumpleaños. Los esperaba con mucha ilusión, pero luego me agobiaba con una mezcla de pensamientos inexplicables. Cada año acababa saboteando el mismísimo evento que tanto me emocionaba.

Quédate conmigo y adapta tu forma de pensar al año 1960. Ahora tengo quince años y mis padres me preguntan qué me gustaría hacer por mi cumpleaños. Papá y mamá habrían hecho lo imposible por hacer que este cumpleaños fuese memorable. Me querían muchísimo.

No quería una fiesta. No me gusta ser el centro de atención. En lugar de ello, elijo ir con mis padres a cenar a un restaurante caro en East Lansing.

Después de pedir la comida, me siento gruñona (así definía mi mamá mi mal humor). Mis padres no saben qué es lo que me ha pasado. No comprenden mi comportamiento, y tampoco lo entiendo yo. El viaje de treinta kilómetros de vuelta a casa es largo y en silencio.

Me siento muy culpable por mostrarme gruñona. «¿Qué es lo que me pasa? –me pregunto–. ¿Cómo puedo ser tan desagradecida?».

Ahora avancemos hasta 1970. Soy una joven mujer casada con dos hijos pequeños de dos y cuatro años. Es mi vigesimoquinto cumpleaños y decido invitar a mis padres a nuestro hogar para celebrarlo.

Cuando llegan, me traen un traje pantalón que había estado admirando en un escaparate de una tienda de mi ciudad.

«¡Caramba! ¡Menudo regalo!», exclamo.

Más adelante esa tarde, mi esposo y mi padre se van a jugar al golf. A medida que pasan las horas, me enfado más y más. «¿Cómo han podido ser tan insensibles conmigo en mi cumpleaños?», pienso mientras echo chispas. Cuando regresan algunas horas después, les hago saber mi descontento en términos muy claros. El ambiente era tan denso que se podía cortar con un cuchillo. Mi familia se quedó, cuando menos, perpleja.

Mis padres habían venido desde Michigan para la celebración, me sorprendieron con un traje que me encantó, y mi marido y mis hijos estaban planeando la cena. ¿Qué más podía pedir? Sin embargo, y a pesar de todo lo que me había sido dado, estaba airada, me mostraba crítica y estaba decepcionada.

Para acabar, avancemos hasta el 4 de agosto de 1995. Es mi quincuagésimo cumpleaños: un hito. Lo espero con gran emoción. En lugar de celebrar una fiesta con amigos, pido a mis amigos de todo el país que me envíen tarjetas de felicitación. De ese modo, no tendré que ser el centro de atención.

A mi marido le pido una «pulsera de madre» de oro y diamantes y que mi restaurante favorito nos prepare una comida para una reunión familiar íntima. No he pedido nada muy complicado, ¿verdad?

Durante todo el día, antes de la fiesta, me siento ansiosa. Sabiendo, con semanas de antelación, que va a ser un día difícil para mí, programo una cita con mi terapeuta, haciéndole hincapié a la secretaria de mi doctora que mi cumpleaños es un día difícil para mí.

«¿Te sientes triste ese día? —me pregunta—. Se supone que los cumpleaños son un día feliz».

«¿Qué pasa conmigo? —me pregunto—. ¿Por qué son los cumpleaños tan latosos para mí?».

La cita para la terapia resulta ser una decepción. Hablar sobre mis sentimientos con un profesional no parece ayudar a aliviar el caos que siento en mi interior.

Más adelante, durante ese día, la familia se reúne para la comida que mi esposo ha organizado. Abro sus tarjetas de felicitación y sus regalos, sintiéndome nerviosa y cohibida. «¿Por qué debería sentirme nerviosa y cohibida con mi familia?», me pregunto.

Cuando la fiesta llega a su fin y mi esposo y yo estamos en el coche de vuelta a casa, empiezo a criticarle por no hacer suficiente. «¿Por qué estaba él tan preocupado? ¿Por qué no me dedicó más atención? ¿Por qué? ¿Por qué? ¿Por qué?».

Pobre hombre. Me había dado todo lo que le había pedido y más. Me siento irritada, triste y culpable, todo ello al mismo tiempo.

Es embarazoso dejarte echar un vistazo a la historia de mis cumpleaños, pero lo hago para ilustrar algunas de las dinámicas internas que muchos adoptados experimentan en sus cumpleaños.

Apuesto a que estarás diciendo: «No tenía ni idea». ¿Por qué los cumpleaños son tan difíciles para algunos adoptados?

Por qué puede que los cumpleaños resulten difíciles

Retrocedamos un momento y pensemos en la idea de los cumpleaños. ¿Qué representa un cumpleaños para una persona no adoptada? Para la mayoría de la gente es un momento alegre, cimentado sobre la base de ser bienvenido al mundo. Es un momento para pasteles de cumpleaños, fiestas y globos.

Ahora piensa en el cumpleaños de un adoptado. ¿Qué representa un cumpleaños para él? Representa el día de su mayor pérdida, el día que perdió a su madre biológica y todo lo que conocía. No sólo fue su cumpleaños, sino el día de su pérdida.

Para el niño que fue adoptado más adelante durante su niñez, le recuerda el día en el que se vio separado forzosamente de su familia biológica: el día en el que el pasado, tal y como lo conocía, ya no iba a existir más. En el caso del bebé adoptado siendo muy pequeño, la pérdida se produjo antes de que dispusiese de palabras para describirla, pero no obstante fue muy real. El cumpleaños actual funciona a modo de desencadenante, recordándole su pérdida pasada.

Nancy Verrier dice, en *El niño adoptado: comprender la herida primaria:* «Parece haber una reacción frente a los aniversarios (que también siente la madre biológica), que hace que muchos adoptados se sientan desesperados alrededor del momento de su cumpleaños... ¿Acaso es sorprendente que muchos adoptados saboteen su fiesta de cumpleaños? ¿Por qué querría alguien celebrar el día en el que se vio separado de su madre biológica? Probablemente, y por supuesto, los adoptados nunca se hayan comprendido realmente a sí mismos ni por qué hacen esto».

Aquellos que quieren al adoptado celebran, con la mejor de las intenciones, ese día como si fuese una persona no adoptada. Sin embargo, en medio de las fiestas, en medio de la celebración, muchos adoptados se sienten revueltos en su interior. Saben que se *supone* que tienen que estar felices, pero un pensamiento agobiante los atormenta: «Me pregunto si ella [la madre adoptiva] está pensando en mí hoy. Si lo hace en cualquier momento del año, ciertamente sería hoy».

Al adoptado también le pesan como una losa los puntos de vista románticos que tiene la sociedad sobre la adopción. «Sé feliz. Muéstrate agradecido por tener una familia. No decepciones a tus padres».

¿Y cuál es la respuesta del adoptado ante lo descrito anteriormente? Generalmente se mete en el papel del «buen adoptado», haciendo lo que los demás esperan de él.

Su verdadero yo queda apartado a un lado, y a veces sólo quiere llorar y que le consuelen. O hace lo que yo hice dejando salir mis sentimientos caóticos y saboteando los esfuerzos de todos por mostrarme su amor.

Puede que estés pensando: «No sé de qué me hablas. Nunca he observado comportamientos así en mi hijo». Puede que no, pero antes de que llegues a ninguna conclusión, escucha a los expertos (que son adoptados) y estate atento a lo que tienen que decir.

¿Qué dicen los adoptados sobre los cumpleaños?

Mary Watkins y Susan Fisher describen una escena entre un niño de tres años y su madre adoptiva en *Talking with young children about adoption:*

—¿Va a venir? ¿Va a venir mi señora? –pregunta el niño.

—¿Qué señora? –pregunta la madre.

—Ya sabes –replica el niño–, la mujer dentro de la que crecí. Es mi cumpleaños, ¿verdad?

«Me voy de la ciudad adrede cuando es mi cumpleaños porque no quiero recibir ninguna atención –decía un hombre de treinta años que había sido adoptado–. Así que nací. Menuda cosa. No quiero recibir ninguna atención».

«Odio mi cumpleaños» le confesó Trisha a su grupo de apoyo.

Reflexionando sobre su adolescencia, Bob dijo: «Los cumpleaños me hacían sentir raro cuando era un quinceañero».

Dan dijo que los cumpleaños siempre habían sido agridulces para él. Decía que cuando era niño sentía como si estuviera viviendo en un vacío o en un vestuario. Los cumpleaños eran un momento en el que recordaba a su madre biológica y sentía como si los dos fuesen almas gemelas. Siempre que transmitía estos pensamientos a su familia adoptiva, ésta tenía dificultades para comprender qué estaba intentando decirles. Confesó que: «En los cumpleaños, deseé haber sido un mejor hijo para mis padres adoptivos».

Cuando Sarah cumplió los dieciocho, se sintió muy melancólica al pensar en su madre biológica. Sarah pensó, durante todo ese día: «Me pregunto qué estará pensando ella».

«El día de mi cumpleaños es, para mí, el día más negro del año –decía Melinda–. Mi marido siempre lo supo porque yo o estaba en la cama por la noche y lloraba o me metía en la bañera y sollozaba. Me preguntaba si mi madre biológica sabía qué día era aquél».

Connie Dawson (doctorada), dice: «Cuando echo la vista atrás hacia mi niñez, pienso que me sentía como el invitado no bienvenido a mi propia fiesta. Yo estaba allí, pero desvinculada. Me encontraba en medio de algún tipo de guion y avanzaba por él, pero sin estar metido en él, sin ningún tipo de conexión ni de vitalidad. No estoy segura de por qué me entran escalofríos cuando oigo hablar de las celebraciones del Día de la Adopción. Para mí, la unión a una nueva familia lleva consigo la separación de otra familia. Éste es un enorme punto muerto: celebrar la unión y, al mismo tiempo, penar por el abandono. Pienso que esto es imposible.

»Siendo adulta, cuando acabé por darme cuenta de la desesperación de intentar, intentar e intentar disfrutar de una fiesta de cumpleaños, durante algunos años me permití hacer lo que fuera que me complaciese en mi aniversario. Un año le pedí a una amiga que se reservase ese día. Sabía que estaría a mi lado si simplemente quería estar sentada y mirar al infinito, si lloraba, si quería salir de la ciudad y conducir por el campo. Ella me apoyaba simplemente *estando*. Si los amigos querían sacarme a comer, o lo que fuera, hacíamos eso cualquier día, menos el de mi cumpleaños.

»Ahora, después de mucha terapia, y después de estar presente en el nacimiento de mis cuatro nietos, puedo celebrar mi cumpleaños de verdad. ¡Llevó mucho trabajo por mi parte poder estar feliz de haber nacido!».

A pesar de que tu hijo adoptado no verbalice unos pensamientos y sentimientos similares, puede que se sienta como los adoptados que acabamos de citar.

De todos los adoptados que he conocido, sólo hay una pequeña minoría que no pudiera identificarse con algunas de las afirmaciones anteriores.

Puede que te estés preguntando: «¿Por qué no aparece esto escrito en la literatura que trata sobre las adopciones?». ¡Buena pregunta! Creo que en su mayor parte se trata de terreno inexplorado. Puede que eso se deba a que los adoptados rara vez, por no decir nunca, hablan de ello, y puede que los padres o los terapeutas que se preocupan no tengan ni una pista de que hay un problema.

¿Qué pueden hacer los padres?

RECONOCER LAS SEÑALES DE ANGUSTIA

Pese a que la mayoría de los adoptados no habla de ello, creo que hay pistas que los padres pueden buscar para valorar si su hijo está teniendo dificultades con los cumpleaños. Algunos de los síntomas que puedes buscar en tu hijo son:

- Que se sienta triste y airado al mismo tiempo.
- Que sienta como que es incapaz de disfrutar.
- Que se esfuerce especialmente para intentar complacerte.
- Que quiera huir y esconderse.
- Que critique a aquellos que le hacen regalos.
- Que critique los regalos.
- Que se sienta como una víctima por expresiones de cariño: ninguna de ellas es suficiente.
- Que sueñe despierto (posiblemente preguntándose por su madre biológica).

- Que esté disgustado consigo mismo por actuar de forma airada o crítica.
- Sentir un extraordinario nivel de ansiedad.
- Que minimice la importancia de su cumpleaños: («No es nada del otro mundo»).
- Que sabotee las celebraciones de cumpleaños.
- Depresión.
- Retraimiento.
- Autocondenación.

Si tu hijo muestra cualquiera de estos síntomas de angustia, responde con algunas de las formas de reconocimiento y consuelo que has aprendido en otros capítulos; pero no eches la vista atrás para buscar problemas donde no los hay. No todos los adoptados lo pasan mal en su cumpleaños. Muchos no se muestran desconcertados en absoluto.

Una mujer que había sido adoptada dijo: «Mamá siempre hacía que todo fuese maravilloso. Un año me permitió invitar a toda mi clase de cuarto de primaria a mi fiesta de cumpleaños».

Bill, de veintisiete años, dijo que sus padres celebraban tanto el día de su adopción como el día de su cumpleaños. «Sentía como que tenía dos cumpleaños. Era genial».

ESTABLECER UNOS RITUALES ESPECIALES PARA LOS CUMPLEAÑOS

Bill dijo que su madre estableció ciertos rituales que le aportaron un sentimiento de continuidad y pertenencia: cenas especiales con todos los miembros de la familia presentes. Celebrar el día de su adopción como el «día del milagro» (el día que le trajeron a casa para que fuese suyo).

Otra cosa que puede que quieras tener en cuenta para ayudar a tu hijo a lidiar con la mezcla de sentimientos consiste en retirar la caja para el duelo de la estantería el día del cumpleaños y añadir otro objeto (quizás una vela de cumpleaños). Pasa por todas las emociones descritas en el capítulo 7 para ayudar al niño a contactar con sus sentimientos. Entonces coloca la caja para el duelo en la estantería hasta que vuelva a necesitarse. Si usar la caja para el duelo no parece adecuado, quizás podrías sacar el libro de la vida de tu hijo y revisarlo desde el primer día, leyendo la carta de bienvenida que le escribiste.

HACER PREGUNTAS

Hazle preguntas a tu hijo antes y durante su día especial. «¿Qué te gustaría hacer en tu cumpleaños?». «¿Cómo te sientes a medida que se acerca tu cumpleaños?». Algunos adoptados se sienten tristes o incluso enfadados ese día. ¿Te sientes alguna vez de esta forma? Si es así, está bien que hables de ello con nosotros. Lo haremos lo mejor que podamos para comprender y ayudarte a resolver la mezcla de sentimientos».

PROPORCIONAR ATENCIÓN EXTRA A TU HIJO

Piensa en algunas de las cosas que alivian a tu hijo. Si le gustan las caricias en la espalda, dáselas. Los niños necesitan calmar su cuerpo, que está nervioso debido a la tensión.

Fortalecer los rituales a la hora de irse a la cama también puede ser relajante: un cuento más, un masaje, una luz nocturna, pensar juntos en algunos buenos sueños que tener o escuchar algo de su música favorita.

No hay ninguna forma infalible de predecir cómo gestionará tu hijo los cumpleaños, pero ahora por lo menos serás sensible a la posibilidad de que tenga unas necesidades no expresadas.

Hay algo más que puede poner sobre la mesa multitud de emociones y experiencias para el adoptado: el no conocer todo su historial médico. Nos fijaremos en este asunto a continuación.

19

«No conocer mi historial médico completo puede, a veces, resultar angustiante»

Hace algunos años, le hablé a una amiga sobre mi deseo de conocer mi historial médico completo. Yo era uno de los muchos adoptados que sentía de vergüenza por no conocer el historial de mi nacimiento ni el médico. Era como si los dos estuvieran ligados inextricablemente, como las enredaderas que crecen en un árbol. No podía decir dónde acababa uno y empezaba el otro.

«¿Por qué querrías conocer los detalles de tu nacimiento? —me preguntó—. Yo no conozco los pormenores del mío y no me importa en absoluto».

Puede que a los no adoptados les cueste identificarse con esta necesidad que tienen muchos adoptados, pero es vital que los padres adoptivos, los médicos y los profesionales de la salud mental sean conscientes de ella, ya que supone una clave más para comprender al niño, al adolescente y al adulto adoptado. Para un adoptado, independientemente de su edad, la fría y dura realidad de no conocer el historial de su nacimiento ni su historial médico puede suponer un aspecto doloroso de su existencia.

Tomemos como ejemplo a Margo, una adoptada de treinta y tantos que es madre de dos niños. En su última visita al tocólogo/ginecólogo, le detectaron una enfermedad uterina precancerosa que requería de atención inmediata. El médico dijo que conocer su historial médico era crucial.

Se contactó con la madre biológica de Margo mediante un intermediario y se la informó sobre el problema médico de Margo. Pese a que la madre biológica se había mostrado hostil en los contactos anteriores, Margo esperaba lo mejor a la luz de su emergencia.

Para consternación de Margo, su madre biológica se negó a cooperar. «¿Cómo ha podido ser tan insensible? –preguntaba Margo entre sollozos–. Me está negando algo que es tan básico, tan necesario para la vida. Tengo derecho a disponer de esta información. Estamos hablando de *mi* vida. ¿Cómo puede hacerme esto a mí y a mis hijos?».

Escenario número dos: Marty, un adoptado de cuarenta y tantos, sufrió unas convulsiones durante una extracción de sangre. Cuando se despertó sobre una camilla en la sala de emergencias y le informaron de su problema médico, lo primero en lo que pensó fue: «Me pregunto si hay un historial de epilepsia en mi familia biológica».

Se ordenó una revisión neurológica y la resonancia magnética no mostró ningún resultado concluyente, aunque Marty estaba muerto de miedo. «¿Por qué me ha pasado esto? ¿Me volverá a suceder?».

Escenario número tres: Harry, un estudiante de posgrado, trabajó durante más de ocho años para obtener los registros de su nacimiento en el hospital en el que vino al mundo. Su psiquiatra, que le estaba tratando una depresión clínica, envió, dos veces, cartas para solicitar permiso para que se divulgase la información, especificando la importancia de la información relacionada con el nacimiento para el tratamiento, además de para el pronóstico, de su enfermedad. El administrador de los registros rehusó, reiteradamente, revelar la información, pese a que juez testamentario había concedido ese permiso. ¿Quién sabe por qué el administrador tenía tanto poder o decidió ejercerlo?

El problema de no conocer esta información también afecta a los niños pequeños y a sus padres adoptivos. Los doctores le dijeron, a la madre de Frankie, que cuando Frankie cumpliera ocho años tendría que llevar audífonos y gafas. «Odiaba tener que sentarme en la primera fila en clase», se lamentaba Frankie.

A medida que Frankie creció, los misteriosos síntomas avanzaron. Sus piernas crecieron para hacerse largas y se volvió patizambo. Su lengua «se metió en el camino» de su pronunciación y no podía articular ciertos sonidos. Los padres de Frankie estaban fuera de sí, llenos de preocupación».

Los médicos seguían diciendo que, si conocieran el historial médico de la familia biológica, la enfermedad sería más fácil de diagnosticar y tratar.

Esa experiencia dio lugar a una búsqueda de la familia biológica que dura hasta la fecha. Frankie tiene ahora veintitantos años y está en una silla de ruedas con una rara forma de artritis. Pese a que sus padres le consiguieron los mejores cuidados posibles mientras crecía, el pronóstico concreto fue un misterio sin el historial médico de la familia biológica.

Otra madre adoptiva de una niña de dos años comentaba acerca del valor del historial médico de la familia biológica del que ya disponía: «Conocer el historial médico y del nacimiento de mi hija será cada vez más importante a medida que pasen los años. He vuelto a consultarlo varias veces. Proporciona muchos detalles sobre la madre biológica: su tipo de cabello, su peso, su altura, cuándo empezó a tener el período, si sufría de calambres o no durante sus reglas… Todas estas cosas serán útiles para mí para saber qué esperar en el futuro de mi hija».

Para un niño pequeño adoptado, la realidad de un historial médico ausente surge de forma natural durante la visita a un nuevo médico. Cuando el facultativo pregunte: «¿Hay algún historial de _____?», puede que el joven adoptado mire nerviosamente al suelo y se muestre avergonzado mientras su madre le revela que fue adoptado. A medida que el niño madura, otro mazazo golpea a su psique siempre que se formula la pregunta. El efecto puede ser acumulativo.

Corinne Chilstrom, en *Andrew, you died too soon,* nos habla del dolor de su hijo, que le llevó a suicidarse pocos días antes de su revisión médica para entrar a la universidad. Corinne dice: «Lo que él [el médico] no pudo hacer fue completar fue el historial médico de Andrew. Garabateó *"Desconocido – Adoptado"* en esos espacios en blanco. Fue lo mejor que él (o nosotros) pudimos hacerlo. No había cura para esa enfermedad: la enfermedad de la identidad perdida. Andrew pasó el duelo por ello; y también murió debido a ello. Para él la sensación era la de un agujero negro».

Menciono el ejemplo de Andrew no para asustarte, sino para defender a los adoptados que tienen esa misma necesidad. Connie Dawson, que fue adoptada, dice: «Esta necesidad me persigue, pero también tiene un impacto sobre mis nietos. Mis hijos, ya crecidos, rellenan ahora los cuestionarios sobre su historial médico de formas llamativas como "Madre adoptada. Sin historial médico», esperando llamar la atención sobre la necesidad de disponer de dicha información. Y si hubiera estado disponible cuando fui adoptada, me hubiera gustado tener contacto con un miembro de mi familia biológica, de forma que la información pudiera actualizarse».

Stephen, un pastor de treinta y un años en un campus universitario, dice: «Soy consciente de que soy distinto cada vez que relleno informes médicos. Ya es mala cosa no saber si la presión sanguínea elevada, los problemas cardíacos, el cáncer u otros trastornos afectan a mi familia biológica. Para mí, es cruel que los médicos no hayan creado impresos que tengan en cuenta a los adoptados. No es mucho pedir a las compañías aseguradoras una pregunta que diga: "¿Es usted consciente de su historial médico?». Si no es así, proporciónenme mi dignidad y respeten mi singular origen».

Cuando a un adoptado se le niega información médica, ya sea por parte de un hospital, un tribunal regional o un familiar biológico, puede que se sienta como un niño travieso al que le dan un cachete en las manos, o como un adulto que no tiene ningún derecho. En una expresión de mi frustración y de la de mis compañeros adoptados, escribí la siguiente «Carta de derechos del adoptado».

La Carta de derechos del adoptado

Tengo derecho a sentirme confundido.

¿Quién no se sentiría confundido? Después de todo, he tenido dos pares de padres, uno de los cuales está envuelto en el misterio.

Tengo derecho a temer el abandono y el rechazo.

Después de todo, fui abandonado por la persona con la que tenía una relación más íntima.

Tengo derecho a reconocer el dolor.

Después de todo, perdí a mi familiar más cercano a la edad más temprana posible.

Tengo derecho a estar en duelo.

Después de todo, todos los demás en la sociedad reconocen las emociones intensas.

Tengo derecho a expresar mis emociones.

Después de todo, han estado apagadas desde el día de mi adopción.

Tengo derecho a solicitar cualquier información sobre mi historial médico.

Después de todo, es mi cuerpo y mi historia, y afecta a mis hijos y a sus hijos.

¿Qué pueden hacer los padres?

Hay varias formas en las que los padres y los profesionales pueden ayudar al adoptado a encontrar consuelo si los recuerdos de su pasado y las piezas que faltan de su historia biológica resultan ser dolorosos.

SÉ CONSCIENTE DE LOS DESENCADENANTES

En primer lugar, conoce cuáles son los desencadenantes para el adoptado con respecto a su historial médico. Aquí tenemos algunos para empezar:

- Las revisiones médicas (revisiones antes de ir a la escuela, apuntarse a la universidad, casarse). El adoptado es emocionalmente vulnerable en los momentos de cambios, y que le recuerden, incluso aunque sea vagamente, su falta de conocimiento sobre su historial médico puede convertirse en «la gota que colme el vaso».
- Crisis médicas. La mente del adoptado frecuentemente regresará a su familia biológica, preguntándose si la enfermedad en cuestión afectó a su familia. *¿Padecieron cáncer? ¿De qué murieron? ¿Cuántos años vivieron?*
- Determinación del tipo sanguíneo en la escuela. El adoptado puede que se pregunte qué tipo sanguíneo tienen su madre y su padre biológicos.

- Enfermedad. El adoptado puede que padezca un trastorno concreto que pueda haber heredado de su familia biológica. En estas situaciones, se le recuerda, una vez más, que falta su parte de la historia. Puede que sienta como si estuviese decepcionando a los miembros de su familia adoptiva.

Cuando los padres y los médicos son sensibles a los momentos en la vida de un adoptado en la que un historial médico no disponible pueda resultar doloroso, pueden ayudar al niño reconociendo su batalla.

RECONOCE LA REALIDAD DE TU HIJO
Para el padre:

- Ayuda a tu hijo a apartarse del modo «víctima» compartiendo con él la «Carta de derechos del adoptado». Anímale a hablar de cualquiera de los pensamientos y sentimientos expresados en la Carta de derechos con los que se identifique.
- Cuando llegue el momento de la revisión médica anual de tu hijo, dile: «Si yo fuera adoptado, creo que las revisiones médicas serían difíciles para mí. Me recordarían, una vez más, que no sé quién es mi madre biológica. ¿Piensas alguna vez en eso?».
- Recuérdale a tu hijo que sea asertivo y tenga confianza en sí mismo en su singular proceso como adoptado. Anímale a que se sienta cómodo hablando de su historial, o la falta de él, de una manera franca cuando sea necesario.

Para el médico:

- Debería producirse una pregunta en la visita inicial: «¿Eres adoptado?». Cuando el adoptado responda afirmativamente, el médico debería proseguir con el tema, siendo consciente de que se trata de un asunto clave para la salud física y emocional del paciente.

Para el terapeuta:
- Debería haber una pregunta durante la entrevista inicial: «¿Hay algún historial de adopción en tu familia?». El terapeuta podría

proseguir diciendo: «Háblame de tu historia. ¿Qué edad tenías cuando fuiste adoptado? ¿Hablas sobre el hecho de ser adoptado muy frecuentemente en casa?».

- El terapeuta podría sentarse en el suelo con el joven niño y pedirle que pinte un dibujo de su adopción en un folio grande y luego solicitarle que le explique el dibujo.

¿Quién sabe si no conocer toda su historia biológica será un asunto doloroso para tu hijo? Puede muy bien que no sea así. Simplemente recuerda que para algunos sí lo es. Ser consciente de los momentos en los que puede que tu hijo esté encontrándose con dificultades te permitirá ayudarle a lidiar con sus sentimientos dolorosos.

Ahora que hemos hablado sobre lo angustiante que es para algunos adoptados no disponer de su historial médico completo, vamos a hablar de un miedo que algunos adoptados sienten pero que temen verbalizar.

20

«Tengo miedo de ser demasiado difícil de soportar para ti»

Mientras empiezo este capítulo, recuerdo uno de mis libros infantiles favoritos: *The runaway bunny,* de Margaret Wise Brown. Creo que ilustra uno de los miedos ocultos de los adoptados: ser demasiado difíciles de soportar.

El relato empieza con el diálogo entre un conejito y su madre cuando el conejito anuncia:

—Me voy a ir de casa.

—Si te vas de casa iré a buscarte, ya que eres mi hijito –le contesta su madre.

—Si vas a buscarme –anuncia el conejito–, me convertiré en un pez en un riachuelo lleno de truchas y nadaré alejándome de ti.

—Si te conviertes en un pez en un riachuelo lleno de truchas, yo me convertiré en un pescador y pescaré para encontrarte –replica cariñosamente la madre.

El libro muestra a la mamá coneja metida hasta las rodillas en un riachuelo con unas botas de pescador, una cesta de pesca en bandolera sobre su brazo, una caña en la mano y una zanahoria a modo de cebo al final del sedal.

Y el relato continúa hasta que el conejito deja de huir y dice:

—Sería mejor que me quedara donde estoy y fuera tu conejito.

Algunos adoptados son muy parecidos al conejito. Les anuncian de muchas formas a sus padres: «Voy a irme de casa».

Puede que te preguntes: «¿De dónde procede esta necesidad de huir? ¿Y cómo puedo ser yo como la madre del conejito, neutralizando sus miedos, asegurándole constantemente mi compromiso con él?».

Para ayudarte a comprender el miedo a ser demasiado difícil de soportar, déjame compartir una experiencia que tuve mientras escuchaba a una conferenciante que era adoptada además de una profesional en el campo de las adopciones.

El miedo a ser demasiado difícil de soportar

La terapeuta explicó una historia sobre una de sus clientas adoptadas. Los agotados padres de la chica habían llegado al límite de su paciencia. Lo habían intentado con todo lo que sabían para acercarse a su hija quinceañera, pese a que ella se resistía con una actitud desafiante. Sus muros parecían crecer cada vez más altos.

Los años de terapia no parecieron ser de ayuda, y en lugar de avanzar hacia la madurez, estaba estancada en la rebelión. La intervención profesional en un centro especializado en los vínculos emocionales y el apego fue su última parada antes de que acabara ingresada en un reformatorio para chicas.

La terapeuta describió el lenguaje corporal de la adolescente ese día concreto. Encorvada en su asiento, con los brazos cruzados, callada y con las cejas fruncidas, dijo encubiertamente: «Voy a irme de casa. Intentad pillarme». Era un poco como el cuento del conejito que se quería ir de casa, ¿verdad?

Llena de la sabiduría y la compasión que sólo pueden proceder de la experiencia personal, además de su formación, la terapeuta se lanzó a su yugular.

«Bueno –dijo despreocupadamente–, ¿durante cuánto tiempo has sido demasiado difícil de soportar?».

La chica, sorprendida por la pregunta, contestó tímidamente: «Mucho tiempo, imagino».

La terapeuta compartió entonces sus sentimientos similares como adoptada y, con el tiempo, se produjo como resultado una terapia exitosa, además de forjarse una relación con los padres.

¿Qué hizo la terapeuta para conseguir que esos altísimos muros cayesen? ¿Cómo supo qué decir? Creo que la terapeuta era conocedora de un pensamiento subconsciente que afecta a los adoptados: «Si mis emociones son demasiado intensas, entonces seré demasiado difícil de soportar…, ¿y en qué lugar me dejaría eso? Me abandonarían una vez más».

La terapeuta también sabía que los niños respetan la fortaleza y la valentía cuando se combinan con el amor. Cuando ella se lanzó a su yugular, mostró coraje, pero cuando compartió su propia experiencia, su cariño y su afecto fueron evidentes.

La doctora Connie Dawson, la terapeuta del escenario anterior, resume su convicción cuando dice: «Si los padres no son fuertes y cariñosamente auténticos, yo (la adoptada) podría avasallarles en un intento por fortalecerlos, o no confiar en su capacidad para enseñarme lo que necesito saber para que yo me haga fuerte y auténtica. Necesito saber que no soy demasiado difícil de soportar».

Cuando oí a Connie relatar su historia, las lágrimas empezaron a brotar, pero no sabía por qué. Ahora sé que yo también tenía miedo de ser demasiado difícil de soportar de niña. Se me pasó por la cabeza de forma bastante inocente cuando oí a una de mis amigas, también adoptada, decir que su psiquiatra la había remitido a otro profesional «porque había hecho todo lo que podía por ella».

Al oír esto, mis pensamientos regresaron de inmediato a mi relación con mi terapeuta, a quien estuve viendo durante ocho años. ¿Qué pasaba si me decía que había llegado al límite de su paciencia conmigo? ¿Qué sucedía si era demasiado difícil de soportar y si me remitía a otro especialista? Me sentiría abandonada una vez más. El pánico me inundó.

Durante nuestra siguiente cita, tartamudeé:

—¿Soy demasiado difícil de soportar como paciente? ¿Me remitirías a otro especialista porque no pudieras hacer nada más por mí?

Cuando se dio cuenta de lo que estaba sucediendo, dijo:

—No… Nunca serás demasiado difícil de soportar. *Quiero* que seas mi paciente. –Neutralizó mi miedo con su compromiso.

—¿De verdad? –dije, aguantándome las lágrimas.

—De verdad –dijo–. Estoy aquí para lo que necesites.

Mientras echo la vista atrás y recuerdo ese incidente, me río, pero estoy convencida de que fue este miedo el que mantuvo intactos mis muros de defensa a lo largo de los años.

La tendencia a huir de las emociones fuertes

Al igual que el conejito anunció, con rebeldía: «Me voy a ir de casa», creo que muchos adoptados hacen lo mismo casi cada día de muchas formas. Keith Reiber afirma: «La ira, el miedo, la vergüenza o la tristeza son las cuatro emociones básicas. Cuando un niño está dolido, se siente triste. La tristeza le hace sentir vulnerable, por lo que tiene miedo de volver a ser herido. El miedo también le hace sentir vulnerable, por lo que el niño tapa su miedo con ira o rabia. Para ayudar al niño a resolver su pasado, debe ser libre de expresar sus sentimientos sin ser castigado ni ridiculizado. Aprenderá que si experimenta un sentimiento fuerte (uno que amenace con sobrepasarle), mamá estará ahí para quererle y preocuparse por él. Así, aprenderá a confiar».

Ya sea en un matrimonio, una amistad o una sesión de terapia, muchos adoptados huyen de las emociones intensas. Se acercan al ojo de la tormenta (hablando desde el punto de vista emocional) y luego huyen en la dirección contraria.

Ronald J. Nydam (doctorado), escribe en un artículo titulado «Relinquishment and intimacy» («Renuncia e intimidad») sobre un hombre que había sido adoptado que acudió a terapia porque su matrimonio (llevaba veinte años casado) se estaba desmoronando. «Por razones que él no podía comprender, rara vez le decía "Te quiero" a su mujer. A lo largo de los últimos años había quedado prendado, de algún modo, de su secretaria, que tenía veintiocho años. A medida que pasaron los meses y los años, esta cuasi aventura se fue profundizando. Estaba emocionado y a la vez aterrorizado por los sentimientos que mostraba por su secretaria, y se quedó perplejo al ver que su matrimonio parecía tener tan poca importancia. La terapia matrimonial no avanzó durante meses… hasta que surgió el tema de la renuncia y la adopción. Después de años resistiéndose al poder de estas historias, este hombre acudió y mostró sus documentos de adopción, amarillentos y que databan de hacía cuarenta y un años, que incluían una descripción física de su madre biológica, que entonces tenía veintiocho años. Cuando dijo que esta descripción coincidía con la de su secretaria, su conciencia despertó y lloró amargamente. Preguntó, lleno de lágrimas: "¿Por qué no me quiso?"».

No puedo decirte a cuántos adoptados he conocido y he visto en grupos de apoyo sólo una vez debido a que la compartición transparente que se da en el grupo desencadena demasiadas emociones intensas. Deciden no regresar en lugar de expresar sus sentimientos y luego seguir con su vida. Tienen miedo de la intensidad de sus propias emociones. Se sienten sobrepasados.

Un hombre de setenta y dos años que se había divorciado hacía poco de su mujer, describió su tendencia a huir en sus relaciones. «Es una mujer realmente fantástica. No podría pedir más. El divorcio no tiene que ver con ella, sino conmigo. Simplemente no puedo soportar los sentimientos que experimento cuando alguien se acerca demasiado a mí».

Cuando otro miembro del grupo le preguntó qué sentía, él dijo: «Me siento como si me estuvieran asfixiando. Tengo que huir».

Los adoptados también pueden operar a través de la disociación. Se alejan emocionalmente y se muestran distantes con respecto al dolor. Son como un transeúnte observando cómo sucede algo traumático.

Yo, personalmente, pasé por tres terapeutas hasta que al final me remitieron a una formada en la terapia Gestalt (lo que para mi inexperta mente significa que sostiene tus pies sobre el fuego y te hace sentir los sentimientos). Era una maestra en la detección de la disociación. Siempre que huía emocionalmente, me llamaba la atención al respecto: «¿Dónde acabas de irte?», decía. Con su ayuda, aprendí a no disociar de las emociones intensas, sino a enfrentarme a ellas y sentirlas. Como resultado de ello, estoy más sana emocionalmente que nunca. Ya no temo las emociones intensas, sino que las agradezco como oportunidades para crecer.

¿Qué pueden hacer los padres?

Puedes, como padre, ayudar a tu hijo a no huir de las emociones intensas, sino a verbalizarlas y encontrar sanación.

BUSCA COMPORTAMIENTOS DEFENSIVOS

Los comportamientos defensivos son un signo de que algo debe abordarse en tu hijo. ¿Está proyectando un comportamiento de «puedo gestionar lo que sea» cuando saca a colación un cierto tema? ¿Cómo se comporta cuando interactúas con él en lo tocante a un asunto doloroso? ¿Tímido y taciturno? ¿Mira hacia la distancia, quizás huyendo (mediante la disociación) a un lugar seguro en su interior?

Al igual que la terapeuta de la quinceañera se enfrentó a ella con respecto a su miedo a ser demasiado difícil de soportar, no temas hablar de este miedo con tu hijo cuando llegue el momento. Pregunta: «¿Sientes miedo alguna vez de ser demasiado difícil de soportar?». Sostén, además, sus pies encima del fuego cuando se disocia, si lo hace. «¿Qué estás pensando en este preciso momento?». Tus preguntas y sensibilidad ante su necesidad supondrán una validación de sus problemas relacionados con la adopción a un nivel más profundo.

NEUTRALIZA SUS MIEDOS

Muéstrale a tu hijo que estás muy versado en reconocer sus necesidades básicas y que estás entregado a él para siempre. Dile, de todas las formas creativas en las que puedas pensar: «Estoy aquí para ti». Antes de que pase mucho tiempo, tu hijo, igual que el conejito del cuento, acudirá a ti cuando experimente un sentimiento intenso; y al igual que la mamá coneja, puedes recordarle, en diversas ocasiones, tu relación «para siempre» con él.

En el siguiente capítulo hablaremos de otra forma en la que puede manifestarse el miedo en la vida del adoptado y cómo necesita que tengas paciencia y le respondas con inteligencia.

21

«Cuando actúe de formas detestables debido a mis miedos, no tires la toalla conmigo, por favor, y responde inteligentemente»

Se debe proporcionar a los niños adoptados la libertad de expresar sentimientos «detestables» como la ira, el odio, la rabia, la soledad y la hostilidad. Sin embargo, también necesitan aprender que, aunque los sentimientos desagradables son permisibles, los detestables no lo son.

Algunos adoptados, al sentirse agobiados por los sentimientos, deciden expresarlos de formas destructivas. Algunos prenden fuego a su casa o le rompen las costillas a su padrastro. Otros intentan suicidarse o matar a otros. La única forma en la que se puede llegar a unos adoptados como éstos es mediante la intervención profesional. Los adoptados que se comportan de forma extremada o destructiva suelen sufrir graves problemas de apego además de emociones conflictivas comunes a muchos adoptados en general.

Independientemente del caso, el adoptado necesita saber que siempre estarás ahí a su lado y que le querrás siempre. Eso es como música para los oídos del adoptado. Nunca podrás decirlo lo suficiente. Él nunca se cansará de oírlo. Sin embargo, no cometas el error que cometen algunos padres adoptivos. Una vez que saben que su hijo tiene «necesidades especiales» que requieren de una respuesta sensible, tratan a su hijo con guantes de seda. La disciplina efectiva se va al garete, y la indulgencia, la lástima o la capitulación ante la manipulación del niño reemplazan la educación inteligente.

Por ejemplo, los padres de Laura eran extremadamente permisivos. Había pocos límites marcados: pocas enseñanzas claras de lo que estaba bien y estaba mal. Laura rara vez tuvo que experimentar las consecuencias de sus propias acciones. No la obligaron a devolver las prendas que había robado ni a repetir las asignaturas que había suspendido. Sus padres equiparaban esto con el amor. Su padre alardeaba frecuentemente de que sólo había pegado a su hija una vez mientras estaba creciendo.

Creo que bajo la educación permisiva por parte de los padres de Laura estaba el sentimiento de lástima por ella y el miedo de hacerle daño. Además, puede que hubiera un tipo de falsa culpabilidad; del tipo que murmuraba: «¿Quién soy yo para castigar a este hijo que no es biológicamente mío?». Sus padres no podían imaginar que la falta de disciplina puede dar lugar a un hijo que se sienta como un hijo o hija ilegítimo, como si no encajara realmente.

A medida que los años pasaban, el duelo no resuelto de Laura en relación con la separación de su madre biológica en combinación con una educación ineficaz dio lugar a una chica fuera de control. Cuando tenía diecisiete años les comunicó la noticia que todos los padres temen: «Mamá, papá… Estoy embarazada».

Por supuesto, no todos los niños adoptados están «fuera de control» ni son difíciles de disciplinar. No obstante, hay algunas habilidades básicas que los padres adoptivos deberían dominar mientras interactúan con sus hijos desde el primer día.

Cómo enfrentarse al comportamiento detestable

Recuérdale a tu hija que está bien que exprese sentimientos abrumadores. No sólo está bien, sino que es crucial si queremos que esté sana y completa; pero al darle permiso a tu hija para expresarse, enséñale también que el comportamiento detestable, por sí mismo, es fútil. Reconoce sus sentimientos, pero no le permitas «llevar las riendas» en tu casa. En lugar de ello, sé el padre de una forma cariñosa y firme. Esto le ayudará a seguir avanzando hacia la madurez y a no quedar atascada en sus sentimientos conflictivos.

El doctor Foster Cline recomienda una regla empírica general: «Los padres no deberían validar la emoción de infelicidad "favorita" o "más usada" por su hijo, ya que suele usarse en exceso». Una transcripción de una de las sesiones de terapia del doctor ilustra este principio.

Stephanie es una estudiante de quinto de primaria dos tercios infeliz y un tercio mustia. Es una niña muy guapa que suele ir por el mundo con un gesto mohíno y enfurruñado que consiste en adelantar su labio inferior. Sus padres están divorciados y, en la terapia, su madre se vuelve súbitamente consciente de su refuerzo de los enfados de Stephanie. Ambos progenitores están presentes en la sesión junto con sus nuevos cónyuges.

T = Terapeuta
P = Padre
S = Stephanie
M = Madre

T: «En este grupo, no creo que todos seáis conscientes de ello, pero estáis excesivamente preocupados por esta chica. Cada vez que empieza a llorar, vosotros, padres, empezáis a mirar a vuestro alrededor y parecéis agonizantes. Entonces llegáis hasta donde está ella y empezáis a estudiar el problema. Cuanto más lo estudiáis más se complica el problema. ¿Sabéis a qué me refiero?».

P: «Como has mencionado estas cosas a lo largo de la sesión, estoy pensando mucho en ellas y creo que tengo un buen ejemplo». [Se dirige a Stephanie]. «Ya sabes, cariño, cada vez que te llamo a casa para hablar contigo, primero te pregunto: "¿Cómo te va?", y tú siempre dices "*Bastante* bien". Entonces yo digo: "¿Por qué sólo bastante bien?". Y entonces entramos en toda la rutina. Cariño, creo que ya no voy a jugar a ese juego nunca más».

S: «¡No creo que se trate de un juego!» [lo dice con el típico gesto de adelantar el labio inferior].

T: [Con un brazo alrededor de Stephanie y riéndose]. «No, Stephanie, no es un juego. En tu caso es una forma de vida».

S: [Con una media sonrisa]. «No lo es».

T: «Bueno, pienso que tu padre está muy fastidiado con todo esto. Espero que reflexiones sobre ello».

En este momento, Stephanie le echa un vistazo a su madre que, presente en la sesión, está escuchando con una expresión dos tercios dolorida en su rostro. De repente, a Stephanie se le empiezan a llenar los ojos de lágrimas.

M: «No hay razón alguna para que te sientas mal, Stephanie. No estamos diciendo nada malo de ti. Simplemente decimos que, a veces, la forma en la que te comportas y la forma en la que nosotros reaccionamos no son buenas para ti».

S: [Empieza a llorar en silencio].

M: «Todo va a ir bien, cariño».

T: «A ver, June, ¿qué acabas de hacer?».

M: «Bueno, la estoy tranquilizando…».

T: «¿Tranquilizándola?... Estás reforzando toda la rutina. No hay razón alguna para decirle a esta niña que todo va a ir bien. Debería saber que todo va bien. Sabe que todos la queremos». [Volviéndose hacia Stephanie]. «Stephanie, vieja amiguita, puedes secarte las lágrimas o salir de la habitación. Cuando recobres la compostura puedes volver a entrar. ¿Qué prefieres?».

S: «Recobrar la compostura».

T: [Sonriendo y rodeando con el brazo de Stephanie]. «¡Fantástico! Me alegra oír eso. Me alegra verte sonreír. Cómo me gusta ver unos labios en su posición normal. Es toda una delicia».

S: [Le sonríe al terapeuta].

M: «Estoy empezando a ver la luz».

¿Qué pueden hacer los padres?

Recuerda que tu hijo se fija en ti en busca de pistas sobre quién es él, cómo encaja en la familia, cómo debería comportarse y qué significa ser tu hijo. Incluso cuando se comporte de formas detestables o destructivas, aquí tienes algunas cosas que necesita de ti:

- Sed padres seguros de vosotros mismos.

  Puede que os ponga a prueba en lo tocante a vuestro papel vital en mi vida. No sois mis padres reales. Resolved cualquier problema no resuelto relacionado con el duelo por vuestra cuenta para no ser pusilánimes cuando os ponga a prueba.

- Sed afectuosos el uno con el otro.

  Quiero que mis padres se muestren afecto el uno por el otro. Que se pongan el uno al otro por delante de mí. Me hace sentir seguro. No me permitáis manipular a uno de vosotros para que me dé afecto en lugar del afecto el uno por el otro.

- Mantened un frente unido.

  No me permitáis provocar desacuerdos sobre las técnicas de disciplina. Tened vuestros desacuerdos después, en otra habitación. No me permitáis interponerme entre vosotros. Eso me proporcionaría demasiado poder sobre el sistema familiar, lo que sólo me haría vulnerable al caos y la pérdida.

- Permitidme elegir.

Enseñadme a pensar por mí mismo. Recordadme que se trata de mi vida y mi responsabilidad con respecto a las decisiones que tome. Puede que eche de menos algunas conexiones con mi pasado, pero soy responsable de convertirme en una persona plena.

- Proporcionadme libertad para aprender de las consecuencias.

No me justifiquéis cuando la fastidie. Necesito aprender a asumir la responsabilidad por mi propio comportamiento. No llaméis a los vecinos y pidáis disculpas cuando robe prendas de sus armarios ni os excuséis en mi nombre cuando me quede dormido y llegue tarde al colegio. Si no aprendo que soy responsable por mi conducta, me aferraré a una mentalidad de víctima y la representaré por siempre.

- No me castiguéis estando enfadados.

Por favor, no me castiguéis estando enfadados ni me ridiculicéis. Esperad hasta que vuestras emociones estén bajo control y luego lidiad conmigo de forma sensible y compasiva. Tranquilizadme después del castigo, asegurándome que me queréis sinceramente y que siempre estaréis a mi lado. Esto aliviará mi miedo a ser abandonado otra vez y me mostrará que la gente puede sentirse decepcionada, pero permanecer comprometida.

El último tema que vamos a tratar tiene que ver con que el adoptado busque a su familia biológica. Si crees que la perspectiva es amedrentadora, creo que la información que viene a continuación te animará.

22

«Incluso aunque decida buscar a mi familia biológica, siempre querré que seáis mis padres»

Los asuntos psicológicos implicados en la búsqueda y el proceso de reencuentro entre la tríada de la adopción (los adoptados, los padres adoptivos y los biológicos) son multifacéticos e intensos. «Perseguir un tornado» es una buena descripción de las dinámicas implicadas.

El adoptado suele verse atraído como un imán por la emoción que representa eso. Puede que la madre biológica ansíe verse envuelta en ello y ver el rostro de su hijo perdido, pero los padres adoptivos desean, en secreto, que todo esto desaparezca.

Al igual que cualquiera implicado en la adopción, los padres adoptivos experimentan multitud de emociones conflictivas cuando su hijo piensa en reencontrase con su familia biológica. La autora y conferenciante Marilyn Meberg, en su libro *I'd rather be laughing*, describe las emociones que su marido y ella experimentaron cuando su hija expresó su deseo de buscar: «Le afirmamos rápidamente que debía investigar si quería hacerlo y que, si podíamos ser de ayuda de alguna forma, estaríamos ansiosos de hacer lo que pudiéramos. Ésa era la respuesta políticamente correcta que aportarle, pero lo cierto es que ambos nos sentimos como si nos hubieran golpeado con un mazo en el estómago».

Joyce Greer, una madre adoptiva, dijo en su artículo «The fears of knowing» («Los miedos del hecho de saber»): «Cuanto más se desarrolló la relación de mi hija con su otra madre, más temí perderla. Ese pensamiento me dejó completamente aterrorizada. No podía controlar mis celos. Imaginé tener que compartir a mi preciosa niña con otra persona a quien no conocía. Pero esta "otra persona" tenía una conexión con ella que yo nunca podría tener: el parecido físico, los rasgos de la personalidad compartidos y su herencia familiar. Yo no podía competir con eso».

Kathy Giles, madre adoptiva por excelencia, resume el miedo que cree que comparten los padres adoptivos:

En 1991, cuando David tenía cinco años, compartió conmigo su dolor y su pena con respecto a su pérdida. Estábamos en un restaurante, en un reservado, el uno frente al otro. Sandy (su madre biológica en una adopción abierta) nos había visitado poco antes, por lo que ella estaba fresca en su mente. David sabía que Sandy era su «madre biológica», pero eso no tenía ningún significado práctico. La podría haber llamado «madrina». Lo que era importante es que tenían una relación amorosa y cariñosa. Venía a verle un par de veces al año, incluyendo el día de su cumpleaños. Le compraba regalos, jugaba con él, le leía cuentos y disfrutaba de él. Él disfrutaba con sus visitas y le expresaba su afecto con sus palabras y sus acciones. De repente, de la nada, me dijo: «¿Sabes, mamá? A veces me pone triste que Sandy no llegara a ser mi mamá». Me quedé estupefacta, como si me hubiesen atravesado el corazón con una lanza. Por mi mente pasó toda una lista de implicaciones, incluyendo que la prefiriera a ella antes que a mí. Afortunadamente, tuve la presencia de ánimo para no descender por ese camino regodeándome en la autocompasión, apestando a celos. Ciertamente, sería comprensible que la quisiera más a ella. Ésta es probablemente la escena que más temen las madres adoptivas.

Tanto si tu hijo expresa su deseo de buscar a su familia biológica cuando es un niño o un adolescente como si espera hasta ser adulto, probablemente temas el día en el que haga ese anuncio. Te preguntarás: «¿Me seguirá queriendo? ¿Lo olvidará todo de mí si conoce a la gente con la que ha fantaseado durante toda su vida? ¿Me convertiré yo en el «segundo plato» con respecto a sus afectos? ¿Habrá un lugar para mí en esta «familia» nueva y en expansión?».

Nancy Verrier, autora de *El niño adoptado: comprender la herida primaria* y también madre adoptiva, proporciona su punto de vista: «No es difícil comprender por qué muchas madres adoptivas no estén emocionadas con la idea de que sus hijos quieran buscar. Después de años de lucha y constante agitación en casa, después de la dolorosa agonía de ver cómo sus hijos se relacionan más fácilmente con las madres de cualquier otro niño que con ellas (¡es más seguro!), entonces ven a sus hijos ansiando encontrar a esa persona mágica con la que hay alguna conexión innegable e indefinible. Es misterioso, amedrentador y hace que muchos padres adoptivos se pregunten por qué se sometieron a tanto rechazo y dolor por este resultado».

Sí, es amedrentador que tu querido hijo empiece a echar la vista atrás para contactar con personas reales de su pasado. Sin embargo, si piensas que es amedrentador para ti, piensa en cómo le hace sentir eso a tu hijo (incluso aunque ese «niño» sea ya adulto).

La experiencia de un adoptado

Cuando un adoptado decide ir en busca de sus orígenes, si lo hace, suele iniciar su búsqueda en el juzgado de la región en la que nació. Es allí donde puede presentar una solicitud relativa a la información anonimizada de su familia biológica. Así es exactamente como comenzó la búsqueda por parte de Sandra.

Mientras entraba en el viejo edificio, que olía a humedad y tenía unos techos altos y un suelo de madera que crujía, se sintió como una niña aterrorizada, aunque ansiosa. «Simplemente piensa en ello –pensaba–. En algún lugar de este juzgado se encuentran los detalles de mis orígenes, las respuestas a las preguntas que han estado latentes en mi corazón durante años: ¿qué aspecto tenían mis padres biológicos? ¿A qué se dedicaban? ¿Qué edad tenían cuando nací? ¿Por qué me dieron en adopción?». Al igual que un número creciente de adoptados, Sandra ansiaba conocer la verdad sobre sus orígenes.

Algunas semanas después de entregar la solicitud para obtener la información anonimizada en el juzgado regional del estado en el que nació, ésta llegó con el correo. Cada pequeño dato hacía que la adrenalina circulara por las venas de Sandra.

Edad de la madre: veinticuatro años. Edad del padre: veintiocho años. Segundo matrimonio para él, primero para ella. Él era contable y ella ama de casa. Sandra fue la primera hija de ambos. Se empapó de todos los detalles como una esponja seca.

Fue entonces cuando llegó a tres palabras que le parecieron como dagas: «Entregada voluntariamente».

¿Entregada voluntariamente? Sintió rabia en silencio mientras regresaba desde el buzón hasta su casa. ¿Cómo podía una pareja casada y joven entregar voluntariamente a su primogénita? Esta noticia le resultó muy difícil de asimilar, y ya no digamos de aceptar. No estaba preparada para el dolor, para la herida reabierta del rechazo.

No comprendía entonces que uno debe acceder a la libertad a través del dolor. Se sentía como embarcándose en un viaje hacia atrás en el tiempo hacia la información propiamente dicha que la liberaría. Era el momento de lanzarse a una búsqueda en todo su esplendor de su familia biológica, independientemente del coste o de lo que dijeran los demás. Dos compañeros invisibles la acompañaron en su viaje: la verdad y el sufrimiento. Sentiría su presencia durante cada paso del camino.

La mezcla de la verdad y el dolor se ve ilustrada por el doctor Randolph W. Severson en *To bless him unaware*: «El miedo y la ansiedad sobre lo que la franqueza acabará significando, en último término, en la adopción suele ser como la ansiedad de un niño pequeño porque el agua esté fría. En realidad, no habrá forma de que se sobreponga a ello hasta que respire hondo, se arme de valor y se zambulla. Y aunque el agua seguirá, al principio, estando fría, haciéndole tener unos escalofríos gélidos en cascada, el *shock* momentáneo pronto parecerá valer la pena a medida que el cuerpo se adapte y la tarde se vuelva más cálida mientras las aguas azules y frescas conducen al nadador hacia una dicha serena y tranquila».

El mayor miedo de todos

Aparta a un lado tus miedos un momento e intenta imaginar aquello por lo que puede que tu hijo esté pasando mientras piensa en encontrar y volver a conectar con la gente que le dio la vida, especialmente con su madre biológica. «¿Qué hará mi madre biológica después de que haya contactado con ella? –se pregunta tu hijo–. ¿Querrá conocerme? ¿Me aceptará o me rechazará? ¿Podrá superar el pasado y me acogerá en su vida? ¿Me querrá?».

Buscar a su familia biológica expone al adoptado a experimentar la pérdida más profunda a la que podrá enfrentarse nunca: un segundo abandono. La posibilidad del rechazo es real y es una de las principales razones por las cuales los padres adoptivos deben estar preparados, de forma que puedan proporcionar apoyo psicológico a su hijo cuando se enfrente a su mayor miedo.

Para comprender la enormidad de este miedo, piensa en la metáfora de «The lady or the tiger» («La mujer del tigre»), a la que hace referencia la doctora Betty Jean Lifton en *Journey of the adopted self*. Explica que el adoptado es como el guerrero bien parecido pero pobre que se enamora de una princesa. El padre de la princesa se mostró furioso y ordenó al joven ir a un estadio enorme en el que tenía que escoger entre dos puertas. Detrás de una de ellas había una mujer hermosa (no la princesa), que se convertiría en su prometida de inmediato, y detrás de la otra había un fiero tigre que le devoraría al instante.

Un adoptado ilustra este miedo: «Desearía que mi madre biológica pensase en mí. Creo que la he encontrado, pero tengo miedo de llamarla. Estoy tan asustado que sentiría el rechazo en lo más profundo de mi alma. ¿Qué pasa si mi madre biológica no quiere hablar conmigo? Siento que he llegado a un punto, a una emoción, de la cual no puedo regresar».

Comprender el punto de vista de tu hijo

Sé consciente de que, si tu hijo expresa el deseo de buscar a su familia biológica, estará lleno de sentimientos contradictorios, igual que tú.

213

Aparte del miedo al rechazo, aquí tenemos algunas de las cosas que puede que estén pasando por su cabeza y su corazón:

«QUIERO DISPONER DE INFORMACIÓN»

Tu hijo no está buscando a alguien para que te sustituya, pese a que a veces pueda parecerlo; y tampoco está implicando, en modo alguno, que tu forma de educarle sea insuficiente. En lugar de ello, está buscando respuestas. «¿Por qué renunciaron a mí? ¿De dónde vienen mis ojos azules? ¿Cuál es mi historial médico?». A medida que crece para entrar en la edad adulta, se da cuenta de que esta información resultaría útil no sólo para él, sino también para sus futuros hijos o nietos.

Un adoptado dijo: «Quiero a mi familia adoptiva más que a nada en el mundo, pero sigo necesitando algo más que eso». Otro dijo: «Os quiero y no estoy buscando otros padres. Tengo la necesidad natural de comprender de dónde vengo. Por favor, apoyadme y nuestra relación crecerá para ser todavía más fuerte y plena».

«NO QUIERO HACERTE DAÑO»

Los profesionales del campo de las adopciones suelen hablar de «problemas de lealtad». Lo que entiendo que significa esto es que el adoptado está batallando con la culpabilidad debido a su fidelidad y su amor por vosotros, los padres adoptivos, y su deseo por encontrar a sus padres biológicos. No quiere hacer nada que os duela u os moleste. Se siente dividido entre dos pares de padres. Debido a su profunda lealtad con sus padres adoptivos, puede que el adoptado quiera esperar hasta que los padres adoptivos hayan fallecido para iniciar la búsqueda.

Un adoptado dijo: «Mis padres adoptivos siempre decían que me ayudarían si algún día quería buscar, pero nunca lo hice. Tenía miedo de que eso realmente fuera a hacer daño a mi padre, y yo nunca haría eso».

Otro dijo: «No fue hasta que tuve mis propios hijos cuando sentí, de verdad, la necesidad de averiguar de dónde procedía. Es duro para mí hacer demasiadas preguntas a mis padres adoptivos, ya que me han dado una vida maravillosa».

«Ojalá mis padres adoptivos hubiesen sabido que les iba a querer demasiado como para hacerles saber el dolor con el que estoy viviendo debido a los secretos, las preguntas sin respuesta y las posibles mentiras con respecto a mi nacimiento y mi adopción», se lamentaba otro hombre.

«ESTOY, FINALMENTE, SIENDO FIEL A MÍ MISMO»

Muchos adoptados han vivido demasiados años de acuerdo con las agendas de otros. Su inclinación natural es hacia la pasividad: si no es hacia fuera, entonces hacia dentro. Al iniciar la búsqueda, el adoptado está aprendiendo a ser fiel a sí mismo, independientemente de lo que piensen los demás.

Recuerdo decirle a mi marido y a mi padre adoptivo que iba a buscar a mi familia biológica. Mi padre adoptivo dijo: «¿Por qué querrías abrir esa caja de Pandora?». Mi esposo simplemente dijo que no quería porque temía que acabase herida.

A pesar de sus comentarios, proseguí con mi búsqueda. El impulso que sentía en mi interior para ir en busca de la verdad superaba a la opinión de todos los demás, incluso de mis seres queridos. Por fin podría estar al cargo del proceso de búsqueda, ya que no había estado al mando de mi adopción.

¿Qué pueden hacer los padres?

Los adoptados quieren y necesitan ánimos para buscar. Aquí tenemos cómo puedes ayudar a tu hijo:

LIBÉRALE DE LA RESPONSABILIDAD DE PREOCUPARSE POR TUS SENTIMIENTOS

Tu hijo necesita disponer de la libertad para dedicarse a su búsqueda sin preocuparse de hacer que tú te sientas cómodo o seguro. Si la búsqueda de tu hijo hace que afloren tus propios miedos al abandono, supera el proceso del reencuentro con la ayuda de terapeutas de confianza o de amigos. Tu hijo tiene muchas cosas entre manos y requiere tu bendición para conseguir lo que necesita, incluso aunque el proceso te parezca amenazador para ti.

Elizabeth dice: «A no ser que los padres adoptivos asuman sus miedos, la mayor felicidad en la vida de su hijo no hará sino aumentar su ansiedad. Pensarán: "¿Por qué no puedo hacer feliz a mi hijo? Debo ser un fracaso como padre porque mi hijo tiene que buscar _____ en otro lugar"».

Marilyn Meberg describe su lucha en su libro *I'd rather be laughing*. Poco después de la muerte de su marido y del matrimonio de su hijo, su hija adoptiva dijo que quería retomar la búsqueda de su madre adoptiva. Marilyn cree que esto supuso un punto de inflexión en su relación con su hija. Dice: «Aunque estos sentimientos eran normales, no tenía derecho a endosárselos a Beth… Habría llegado a la conclusión de que mis necesidades eran más importantes que las suyas y que era responsable de mi bienestar emocional a costa del suyo. Además, habría llegado a estar resentida con mis sentimientos».

REVELA TODA LA INFORMACIÓN DE LA QUE DISPONGAS

Proporciónale a tu hijo toda la información de la que dispongas sobre su nacimiento, su familia biológica y las circunstancias en torno a esta renuncia.

Ruth Anne dice: «Mi madre adoptiva murió cuando yo tenía dieciocho años. Inicié mi búsqueda a los treinta, y alrededor de los treinta y cinco descubrí que mi madre adoptiva había escrito el nombre de mi madre biológica en mi álbum de bebé. Nunca supe de dónde lo sacó, pero sentí que era como una bendición desde más allá de su tumba. Sentí que ella habría apoyado mi búsqueda».

Betty dice: «El problema es que mis padres adoptivos se llevaron la información consigo a la tumba. Mi mensaje es el siguiente: "Mamá y papá, os quiero mucho, pero me siento resentida y a veces furiosa porque me ocultasteis información que, como adulta, tenía todo el derecho a conocer. Mi amor por los dos era tan profundo que deberíais haber sabido que no debéis temer que alguien ocupe vuestro lugar"».

Los padres de Mary ejemplificaron el tipo correcto de actitud: «Mis padres son ángeles del cielo. Le doy las gracias a Dios cada día por ellos. Siempre han sido abiertos y honestos con mi hermano y conmigo sobre el ser adoptados y sobre cualquier información anonimizada que recibieron. Me están apoyando en mi búsqueda. Parte de la razón de que mis padres adoptivos sean capaces de mostrar su apoyo a este empeño es el resultado de la franqueza que hemos tenido desde el principio. Nuestra relación se basó en la honestidad y la confianza».

ANIMA A TU HIJO A VALORAR EL COSTE

La procesión va por dentro durante la búsqueda y el reencuentro. Adviérteselo a tu hijo adoptado y anímale a afrontar la posibilidad de encontrarse con «el peor de los casos». Puede que se trate de un asunto difícil de abordar con tu hijo, pero es necesario si se quiere que esté emocionalmente preparado para lo que pueda venir. La mayoría de los reencuentros van bien, pero a veces llevan a sufrir dolor.

Cathy, una adoptada de treinta y cinco años, escribe sobre su experiencia de rechazo. «El día de hoy me pareció el más largo de mi vida. Me sentí asustada cuando los conocí: parecen muy distintos a mí. Averigüé que mi madre biológica ni siquiera sabe qué día es mi cumpleaños. Verdaderamente se olvidó de mí después de mi nacimiento. Quedó claro mientras relataba todas las cosas duras en su vida (siendo yo una de ellas). Quería que me dijera: "Pensé en ti frecuentemente". Estoy decepcionada de que esto no esté resultando una experiencia cumbre. Me estoy dando cuenta de la realidad del rechazo de hace treinta y cinco años. Me sentí como una desconocida, como si no encajara».

Otra reacción que puede que experimente el adoptado es una decepción emocional, dándose cuenta, quizás por primera vez, de que el reencuentro no es la panacea. No se lleva consigo todo el dolor de la adopción ni hace que se sienta no adoptado.

Heather describe esta decepción: «Cualquier idea que tuviera sobre los reencuentros y sobre qué esperar era errónea. En términos generales, realmente no supuso tanta diferencia en mi vida como había esperado».

ASEGÚRALE QUE CRECERÁ, INDEPENDIENTEMENTE DEL RESULTADO

Tanto si el reencuentro de tu hijo con su familia biológica es positivo como negativo, probablemente después sentirá una sensación de haber pasado página. Ha cerrado el círculo, se ha enfrentado a sus mayores miedos, se ha ocupado de emociones complejas y ha pasado de la pérdida a la plenitud. Su relación contigo puede que profundice y florezca también.

Espero que estés empezando a ver que incluso la parte del camino de un adoptado que puede ser la más amedrentadora para los dos puede, de hecho, conducir hacia un importante crecimiento y bendición. Espero que puedas empezar a reconocer a tu familia por lo que en realidad es: un árbol con un injerto. Es algo precioso de ver. Es único. Es contrario a la naturaleza. Unas raíces intrincadas de las que brotan exuberantes hojas. Está lleno de retos para un jardinero, pero en último término da lugar a una cosecha de una dulzura inigualable.

Marie dice: «Mi relación con mi madre adoptiva es más profunda de lo que nunca hubiese soñado que fuera posible. Como estaba dispuesta a trabajar con sus propios problemas de duelo y pérdida, se ha convertido en mi alentadora, mi amiga».

Barb describe sus sentimientos después del reencuentro: «Celebraría el reencuentro una y otra vez. Valió la pena el riesgo, y resolvió mis curiosidades y preguntas sobre la adopción, además de resultar ser, emocionalmente, una experiencia inspiradora para mí. Mi madre me dio en adopción hace cuarenta y cinco años, pero me dio, de otra manera, la vida hace una semana permitiéndome regresar a su vida. Siempre estaré agradecida por ambos regalos de la vida».

Cynthia dice: «Mis relaciones con mi familia adoptiva son ahora más fuertes que nunca y más abiertas. Puedo entenderme a mí misma y me he dado cuenta de que las definiciones de familia y padres son lo que haces que sean».

George dice: «Pese a que he pasado por el reencuentro y tengo una relación muy positiva con mi madre biológica, me siento más cerca que nunca de mis padres adoptivos. Siempre serán mis verdaderos padres».

¿Qué significa ser un VERDADERO padre?

Si sigues albergando algún miedo acerca del viaje de búsqueda y reencuentro de tu hijo, anímate con las reflexiones de Kathy Giles sobre una experiencia que tuvo con su hijo de nueve años durante un programa especial para familias formadas mediante la adopción. Hubo sesiones de grupo con los padres y los hijos juntos, sesiones sólo para los adoptados y sesiones sólo para los padres. Tardaba cuarenta y cinco minutos llegar a las sesiones y otros cuarenta y cinco minutos regresar a casa, lo que nos proporcionó mucho tiempo para conversar durante ambos trayectos.

Durante una conversación, David dijo: «Melissa [una amiga] dice que Marie es mi verdadera madre. ¿Es ella mi verdadera madre?». La respuesta de Kathy fue rápida y directa: «En la medida en la que Marie te llevó, ciertamente, en su vientre durante nueves meses, y en la medida en la que se puso de parto y te dio a luz, cosa que hizo, diría que lo que ella hizo fue real. Ella es una persona real que hizo algunas cosas reales por ti. Yo pienso que también soy bastante real. Te cambié, realmente, todos esos pañales, te di todos esos biberones y te bañé, te mecí y canté durante horas y horas, te llevé a dar paseos, te leí cuentos. Todo eso también es real, y también me convierte en tu verdadera mamá. Marie hizo su parte y yo estoy haciendo la mía. Ambas somos verdaderas mamás para ti».

La doctora Betty Jean Lifton proporciona una excelente descripción de la verdadera madre en *Journey of the adopted self*: «Para mí, una verdadera madre es la que reconoce y respeta toda la identidad de su hijo y no le pide que niegue ninguna parte de sí mismo».

¡Qué gran pensamiento! Resume realmente lo que has averiguado y practicado a partir de las páginas de este libro. Has aprendido cómo acceder al mundo de tu hijo, volverte sensible a sus necesidades no verbalizadas y luego reconocer su realidad emocional. ¡Felicidades! Eso os convierte en *verdaderos* padres y os asegura un lugar en la vida de vuestro hijo.

Ya eras un padre sagaz antes de coger este libro. De otro modo no te habrías mostrado interesado. Sin embargo, ahora eres la flor y nata de los padres adoptivos. Sigue practicando lo que has aprendido y tu familia seguirá floreciendo como un árbol bien regado.

Apéndice

Love and Logic Institute
2207 Jackson Street
Golden (Colorado) 80401
Teléfono: (800) 338-4065
Fax: (800) 455-7557
E-mail: cservice@loveandlogic.com
www.loveandlogic.com

Jim Fay y Foster Cline (médico) han revolucionado la forma en la que los profesores, padres y profesionales trabajan con los niños. Son los cofundadores de este instituto, que dispone de una variada línea de materiales de Love and Logic para el apoyo y la educación. Llama para solicitar un catálogo de recursos.

The American Adoption Congress (AAC)
1030 15th St. NW, Suite B-103
Washington (Distrito de Columbia) 20005
Teléfono: (202) 483-3399
www.americanadoptioncongress.org

El AAC celebra una convención anual a nivel de EE. UU. con multitud de conferenciantes. Los profesionales de la salud mental y cualquiera relacionado con la adopción se beneficiarían asistiendo a ella. También tienen divisiones locales.

Association for Treatment and Training in the Attachment of Children (ATTACh)

1609 West County Rd. 42, Suite 324
Burnsdale (Minnesota) 55306
Teléfono: (612) 861-4222
E-mail: info@attach.org
www.attach.org
ATTACh tiene una membresía interdisciplinaria que incluye a profesionales y padres. Reconocen un amplio espectro de intervenciones diseñadas para desarrollar o fortalecer los vínculos emocionales.

Attachment and Bonding Center of Ohio
1201 Canyon View Road
Sagamore Hills (Ohio) 44067
Teléfono: (330) 831-2525
www.adoptattachtherapy.com
El Attachment and Bonding Center of Ohio se especializa en trabajar con niños y adolescentes que tienen diversas dificultades relacionadas con su capacidad de establecer vínculos afectivos con otras personas. Casi todos los clientes forman parte de familias adoptivas como resultado de traumas durante su más tierna infancia y su niñez. Estos traumas incluyen los maltratos físicos y los abusos sexuales, un importante abandono y la falta de estimulación adecuada. El personal del centro también ayuda a las nuevas familias adoptivas a desarrollar estrategias para potenciar el establecimiento de vínculos afectivos.

Kinnect
1427 E 36th St., Suite 4203F
Cleveland (Ohio) 44114
Teléfono: (216) 692-1161
E-mail: info@kinnectohio.com
www.kinnectohio.org
Kinnect proporciona profesionales experimentados que conocen los pormenores de las familias complejas y pueden proporcionar las habilidades, las herramientas y el talento para desarrollar unas familias más fuertes y sanas.

Children's Defense Fund (CDF)
840 First Street NE, Suite 300
Washington (Distrito de Columbia) 20002
Teléfono: (202) 628-8787
www.childrensdefense.org

El CDF proporciona una voz potente y eficaz a *todos* los niños de Estados Unidos que no pueden votar, presionar ni defenderse, prestando especial atención a las necesidades de los niños pobres, de minorías étnicas y con discapacidades.

Families for Russian and Ukrainian Adoption (FRUA)
P.O. Box 2944
Merrifield (Virginia) 22116
Teléfono: (703) 560-6184
www.frua.org

La misión de la FRUA es respaldar toda la experiencia vital de niños huérfanos de Europa el Este y fortalecer las familias que se generan mediante la adopción. Para encontrar un grupo local de apoyo, visita su portal web.

Families with Children from China (FCC) Greater New York
P.O. Box 237065
Ansonia Station, Nueva York, NY10023
E-mail: admin@fccny.org / greaternyfcc@gmail.com
www.fccny.org

El objetivo de FCC Greater New York es el de proporcionar una red de apoyo para familias que han adoptado en China y proporcionar información a aspirantes a padres adoptivos.

North American Council on Adoptable Children (NACAC)
970 Raymond Avenue, Suite 205
St. Paul (Minnesota) 55114
Teléfono: (651) 644-3036
E-mail: info@nacac.org
www.nacac.org

Esta organización es la abuela de las organizaciones relacionadas con las adopciones. Si quieres oír a los mejores autores y profesionales del campo de las adopciones, asiste a su convencional nacional (a nivel de EE. UU.) anual.

www.sherrieeldridge.com

Portal web de la autora. Dispone de recursos para los adoptados, padres y asistentes sociales además de un listado de sus libros.

GRUPOS DE APOYO

Participar en un grupo de apoyo con aquellos bendecidos por la adopción supone una de las mejores fuentes de respaldo. Todas las organizaciones listadas anteriormente celebran conferencias con grabaciones disponibles bajo demanda.

LECTURAS RECOMENDADAS

Adopting the hurt child: Hope for families with special-needs kids
Gregory C. Keck (doctorado) y Regina M. Kupecky (asistenta social colegiada)
Pinon Press, 1995 (Revisado y ampliado, 1998)

Adoption nation: How adoption is transforming America
Adam Pertman
Diane Publishing Company, 2000

Being adopted: The lifelong search for self
David M. Brodzinsky (medico), Marshall D. Schechter (medico) y Robin Marantz Henig
Anchor, 1993
(Trad. cast.: *Soy adoptado*. Grupo 5, D.L.: Madrid, 2011).

Don't touch my heart: Healing the pain of an unattached child
Lynda Gianforte Mansfield y Christopher H. Waldmann (máster en Humanidades, terapeuta profesional colegiado)
Pinon Press, 1994

Coming home to self
Nancy Verrier

Autopublicado, 2003

Facilitating developmental attachment: The road to emotional recovery and behavioral change in foster and adopted children
Daniel A. Hughes (doctorado)
Jason Aronson, Inc., 1997

Growing up again: Parenting ourselves, parenting our children
Jean Illsley Clarke y Connie Dawson (doctorada)
Hazelden, 1998

Holding time: How to eliminate conflict, temper tantrums, and sibling rivalry and raise happy, loving, and successful children
Martha G. Welsh (médico)
Fireside, 1989

Journey of the adopted self: A quest for wholeness
Betty Jean Lifton (doctorada)
Basic Books, 1995

Loved by choice: True stories that celebrate adoption
Susan E. Horner y Kelly Fordyce Martindale
Fleming H. Revell Co., 2002

Parenting teens with love & logic: Preparing adolescents for responsible adulthood
Foster Cline (médico) y Jim Fay
Nav Press, 1992

Parenting the hurt child
Gregory Keck y Regina M. Kupecky
Piñon Press, 2002

Parenting with love & logic: Teaching children responsibility
Foster Cline (médico) y Jim Fay
Nav Press, 1990

The primal wound: understanding the adopted child
Nancy Verrier
Gateway Press, Inc., 1993
(Trad. cast.: *El niño adoptado: comprender la herida primaria*. Albesa: Barcelona, 2010)

The spirit of open adoption
James L. Gritter
Child Welfare League of American Press, 1997

Talking with young children about adoption
Susan Fisher (medico) y Mary Watkins (doctorado)
Yale University Press, 1995

Twenty life-transforming choices adoptees need to make
Sherrie Eldridge
Pinon Press, 2003

The whole life adoption book: Realistic advice for building a healthy adoptive family
Jayne E. Schooler
Nav Press, 1993

DOCUMENTOS DE AUDIO Y VÍDEO

Todas las principales organizaciones relacionadas con la adopción listadas ofrecen sesiones grabadas de sus convenciones anuales. Simplemente visita sus portales web para obtener información sobre cómo solicitarlas.

Joni
International Video Entertainment, 1989
Basado en el libro *Joni, a young woman who conquered tremendous odds*. Disponible en las bibliotecas públicas de Estados Unidos.

«What every adopted child needs to know» (audio)
Tres segmentos de entrevistas radiofónicas con Sherrie Eldridge en el programa *Family Life Today*.
Solicítala a través de Family Life Today, P.O. Box 8220, Little Rock (Arkansas) 72221 o llama al teléfono 1-800-35-86329.

CUADERNOS DE EJERCICIOS

Creating a safe place to talk about adoption
Sherrie Eldridge
www.sherrieeldridge.com

Twenty things adopted kids wish their adoptive parents knew—A study guide
Sherrie Eldridge
www.sherrieeldridge.com

A healing path for the adoption triad
Sherrie Eldridge
www.sherrieeldridge.com

Teens growing through adoption
Sherrie Eldridge
www.sherrieeldridge.com

TEMAS DE CONVERSACIÓN

Sherrie Eldridge está disponible para dar conferencias inaugurales, impartir seminarios y asistir a convenciones. Contacta directamente con ella para conocer los temas y su disponibilidad en www.sherrieeldridge.com

Bibliografía

ANDERSEN, R.: *Second choice: Growing up adopted.* Badger Hill Press, Misuri, 1993.

AXNESS, M. W.: *Painful lessons, loving bonds: The heart of open adoption.* Autopublicado, California, 1998.

—: *What is written on the heart: Primal issues in adoption.* Autopublicado, California, 1998.

BETTELHEIM, B.: *The uses of enchantment: The meaning and importance of fairy tales.* Vintage, Nueva York, 1989. (Trad. cast.: *Psicoanálisis de los cuentos de hadas.* Booket: Barcelona, 2012).

BOLLAS, C.: *The shadow of the object: Psychoanalysis of the unknown thought.* Columbia University Press, Nueva York, 1989.

BOWLBY, J.: *A secure base: Parent-child attachment and healthy human development.* Routledge, Reino Unido, 1988. (Trad. cast.: *Una base segura: aplicaciones clínicas de una teoría del apego.* Paidós Ibérica: Barcelona, 2001).

—: *Attachment.* Basic Books, Nueva York, 1983. (Trad. cast.: *El vínculo afectivo.* Paidós Ibérica: Barcelona, 1993).

—: *Separation anxiety and anger.* Basic Books, Nueva York, 1986.

BRADSHAW, J.: *Homecoming: Reclaiming and championing your inner child.* Bantam Books, Nueva York, 1992. (Trad. cast.: *Volver a casa: recuperación y reivindicación del niño interior.* Gaia: Móstoles, 2015).

BRODZINSKY, D. M.; SCHECHTER, M. D. Y HENIG, R. M.: *Being adopted: The lifelong search for self.* Anchor, Nueva York, 1993. (Trad. cast.: *Soy adoptado.* Grupo 5, D.L.: Madrid, 2011).

BROWN, M. W.: *The runaway bunny.* HarperCollins Children's Books, Nueva York, 1987.

CHILSTROM, C.: *Andrew, you died too soon: A family experience of grieving and living again.* Augsburg Fortress Publications, Minnesota, 1993.

CLARKE, J. I. Y DAWSON, C.: *Growing up again: Parenting ourselves, parenting our children.* Hazelden, Minnesota, 1998.

CLINE, F. W.: Texto para la educación de los padres perteneciente a la serie *What shall we do with this kid?* Colorado, 1982.

CLOUD, H. Y TOWNSEND, J.: *Boundaries: When to say yes, when to say no to take control of your life.* Zondervan Publishing House, Michigan, 1992.

COX, S. S.-K.: Entrevista personal. Colorado, 1997.

CYTRYN, L. Y MCKNEW, D.: *Growing up sad: Childhood depression and its treatment.* W.W. Norton & Company, Nueva York, 1998.

DODDS, P. F.: *Outer search, inner journey: An orphan and adoptee's quest.* Aphrodite Publishing Company, Washington, 1997.

ELDRIDGE, S.: «One mother's story», en *Jewel Among Jewels Adoption News,* Indiana, 1997.

ENGELS, G. L.: «Is grief a disease? A challenge for medical research», en *Psychosomatic Medicine,* vol. 23.

FRAIBERG, S.: *Every child's birthright: In defense of mothering.* Basic Books, Nueva York, 1977.

GIBBS, N.: «In whose best interest». *Time,* 19 de julio, 1993.

GILBERT, R.: «Bereavement challenges and pathways for the adopted». *Jewel Among Jewels Adoption News,* Indiana, 1996.

GILES, K.: Entrevista personal. Pennsylvania, 1998.

GREEN, T.: *A man and his mother: An ADOPTED son's search.* Regan-Books, Nueva York, 1997.

GREER, J.: «The fears of knowing». Tennessee, 1997.

GRITTER, J. L.: *The spirit of open adoption.* CWLA Press, Washington D. C., 1997.

HARRIS, M.: *The loss that is forever: The lifelong impact of early death of a mother or father.* Plume, Nueva York, 1995.

HUGHES, D. A.: *Facilitating development attachment: The road to emotional recovery and behavioral change in foster and adopted children.* Jason Aronson, Inc., Nueva Jersey, 1997.

HUNT, B.: Entrevista personal. Florida, 1997.

INGRASSIA, M. Y SPRINGEN, K.: «She's not baby Jessica anymore». *NEWSWEEK,* 21 de marzo, 1994.

JANOV, A.: *The new primal scream: Primal therapy 20 years on.* Enterprise Publishing, Inc., Delaware 1991.

JENKINS, A. M.: «Parenting your adopted child». *Jewel Among Jewels Adoption News,* Indiana, 1998.

JONES, J.: «Sharing negative information with your adopted child». *Jewel Among Jewels Adoption News,* Indiana, 1997.

KECK, G. C.: «The relationship between adoption and attachment disorders». *Jewel Among Jewels Adoption News,* Indiana, 1996.

KIRK, H. D.: *Looking back, looking forward: An adoptive father's sociological testament.* Perspectives Press, Indiana, 1995.

—: *Shared fate.* Ben-Simon Publications, Columbia Británica (Canadá), 1984.

KOMISSAROFF, C.: «The angry adoptee». Kinquest, Inc., Oregón, 1992.

LIFTON, B. J.: *Journey of the adopted self: A quest for wholeness.* Basic Books, Nueva York, 1995.

—: *Lost and found: The adoption experience.* HarperCollins, Nueva York, 1988.

LOWINSKY, N. R.: *Stones from the motherline: Reclaiming the mother-daughter bond, finding our feminine souls.* California, 1992.

MALONE, T. P. Y MALONE, P. T.: *The art of intimacy.* Fireside, Nueva York, 1987.

MARNEY, C.: *Achieving family togetherness.* Abington Press, Tennessee, 1980.

MAURER, D. Y MAURER, C.: *The world of the newborn: The wonders of the beginning of life—A landmark scientific account of how babies hear, see, feel, think... and more.* Basic Books, Nueva York, 1946.

MEBERG, M.: *I'd rather be laughing: Finding cheer in every circumstance.* Word Publishing, Tennessee, 1998.

MONAHON, C.: *Children and trauma: A parent's guide to helping children heal.* Lexington Books, Nueva York, 1993.

MOORE, K.: *Gathering the missing pieces in an adopted life.* Broadman & Holman Publishers, Tennessee, 1995.

NYDAM, R. J.: «Relinquishment and intimacy». *Jewel Among Jewels Adoption News,* Indiana, 1998.

SCHOOLER, J.: *Searching for a past: The adopted adult's unique process of finding identity.* Pifion Press, Colorado, 1995.

SEVERSON, R. W.: *To bless him unaware: The adopted child conceived by rape.* House of Tomorrow Productions, Texas, 1992.

SILVER, L. B.: *The misunderstood child: A guide for parents of children with learning disabilities.* McGraw-Hill Book Company, Nueva York, 1984.

SIMPSON, E.: *Orphans: Real and imaginary.* A Plume Book, Nueva York, 1987.

SMALL, J. W.: «Working with adoptive families». *Public Welfare,* verano 1987.

STEPHEN MINISTRIES: «The Jo-Hari Window». Stephen Ministries Training Manual, Misuri.

STERN, DANIEL N.: *The interpersonal world of the infant: A view from psychoanalysis and developmental psychology.* Basic Books, Nueva York, 1985.

VAN DER VLIET, A.: «The non-identifying information». *Twelve steps for adults adopted as children.* Indiana: 1996.

VAN GULDEN, H. Y BARTELS-RABB, L. M.: *Real parents, real children: Parenting the adopted child.* Crossroads Publishing Company, Nueva York, 1995.

VERNY, T. Y KELLY, J.: *The secret life of the unborn child.* Delta, Nueva York, 1994. (Trad. cast.: *La vida secreta del niño antes de nacer.* Urano Vintage, D. L.: Barcelona, 2009).

VERNY, T. Y WEINTRAUB, P.: *Nurturing the unborn child.* Delta, Nueva York, 1991. (Trad. cast.: *El vínculo afectivo con el niño que va a nacer: un programa de nueve meses para tranquilizar, estimular y comunicarse con su bebé.* Urano Vintage: Barcelona, 2011).

VERRIER, N. N.: *The primal wound: Understanding the adopted child.* Gateway Press, Maryland, 1993. (Trad. cast.: *El niño adoptado: comprender la herida primaria.* Albesa, D.L.: Barcelona, 2010).

WARREN, P. Y MINIRTH F.: *Things that go bump in the night: How to help children resolve their natural fears.* Thomas Nelson Publishers, Tennesee, 1992.

Wasson, V. P.: *The chosen baby.* Lippincott Raven Publishing, Nueva York, 1977.

Watkins, M. y Fisher, S.: *Talking with young children about adoption.* Yale University Press, Connecticut, 1995.

Welch, M. G.: *Holding time: How to eliminate conflict, temper tantrums, and sibling rivalry and raise happy, loving, and successful children.* Fireside, Nueva York, 1989.

Winkler, R. C.; Brown, D. W.; van Keppel, M. y Blanchard, A.: *Clinical practice in adoption.* Pergamon Press, Nueva York, 1988.

Wolff, J.: *Secret thoughts of an adoptive mother.* Andrews McMeel Publishing, Kansas, 1997.

Worden, W. J.: *Grief counseling and grief therapy: A handbook for the mental health practitioner.* Springer Publishing Company, Nueva York, 1991. (Trad. cast.: *El tratamiento del duelo: asesoramiento psicológico y terapia.* Paidós: Barcelona, 2013).

Wright, N. H.: *The power of a parent's words.* Gospel Light Publications, California, 1991.

Permisos

Lista de síntomas del apego, copyright © The Attachment Center at Evergreen, Inc. Usado con permiso.

The runaway bunny, de Margaret Wise Brown. Copyright © 1942 de HarperCollins Publishers. Copyright del texto renovado en 1970 por Roberta Brown Rauch. Usado con permiso de HarperCollins Publishers.

Poema reimpreso con permiso. *Andrew, you died too soon*, de Corinne Chilstrom, copyright © 1993 Augsburg Fortress.

Afirmaciones procedentes de *Growing up again*, de Jean Illsley Clarke y Connie Dawson. Copyright © 1989, 1998 de Jean Illsley Clarke y Connie Dawson. Reimpreso con permiso de Hazelden Foundation, Center City, Minnesota.

Foster W. Cline (médico), «What shall we do with this kid?». Evergreen Consultants in Human Behavior, Evergreen (Colorado), 1982, pp. 64-66. Impreso con permiso.

Tomado de *Boundaries*, de Henry Cloud y John Townsend. Copyright © 1992 de Henry Cloud y John Townsend. Usado con permiso de Zondervan Publishing House.

De *Growing up sad: Childhood depression and its treatment*, de Leon Cytryn (médico) y Donald H. McKnew, Jr. (médico). Copyright © 1996 de Leon Cytryn y Donald H. McKnew, Jr. Copyright © 1983 de Donald H. McKnew, Jr., Leon Cytryn y Herbert Yahraes. Reimpreso con permiso de W. W. Norton & Company, Inc.

Índice